ビジネスを動かす「ウソの技法」

向谷匡史

Tadashi Mukaidani

情報センター出版局

まえがき

「キミは、僕を嫌いかね?」

上司に問われて、

「はい」

と答えるバカはいない。

あるいは営業先で、

「おっ、ハゲてきましたねぇ」

と、事実を正直に指摘するマヌケもいない。

「社長、我が社は大丈夫でしょうか」

「もうすぐ倒産や」

こんな経営トップは、ただの〝正直バカ〟である。

すなわち《ウソ》は、社会生活を送るうえで不可欠のものであり、ウソをつかないで生きていける人間は一人としてこの世に存在しないということなのだ。

ところが一方で、《ウソ》は道徳的に悪とされる。

矛盾である。

ならば、矛盾のなかでビジネスマンはどう処するべきか——。ここで一流と二流の差が出てくるのだ。

結論から言えば、一流ビジネスマンは《ウソ》と《騙し》を区別し、《ウソ》を「交渉の技法」として仕事や対人関係に活かしているということである。

「単価、もう少し下げられませんか」

「これが限界ですが……。わかりました。では、××円引かさせていただきましょう」

限界でもないのに「限界」と返答したのは《ウソ》ではあるが、これは「交渉の技法」であり、一連の食品偽装など犯罪性を有する《騙し》とは根本的に異なるというわけである。

食品偽装といえば、企業はコンプライアンス（法令遵守）を声高に叫ぶようになったが、これも〝ウソの技法〟が用いられている。違法行為が発覚すれば企業の存続にかかわるのでヤバイ――というホンネを、「企業モラルの向上」という耳障りのいい表現に置き換えているだけなのである。

以上のことから、「技法」としての《ウソ》は、たとえて言うなら女性の化粧と同じだと私は考える。厚化粧によって素顔とほど遠い〝美人〟になったとしても、

「ウソつき女！」

と非難されることはない。

どう美しく見せるかは、あくまで化粧における技法の問題なのである。

言葉もそれと同じなのだ。

「よくやった。私が見込んだだけのことはある」

「課長の部下であることを誇りに思います」

こんなお世辞の《ウソ》から、

「やれるか」

「やってみせます！」

といったハッタリの《ウソ》まで、本書ではあらゆるシチュエーションに応じ、カネ

と成功を生む交渉術を紹介した。
ウソつきになれというのではない。「人間はウソをつかざるを得ない」という本質を肯定的にとらえ、神経を図太く持って《ウソ》をビジネスに活かせば、人生もまた大きく拓けてくるということなのである。

著者

ビジネスを動かす「ウソの技法」　もくじ

第2章

上司・クライアントを動かすウソ

第3章

部下を意のままに動かすウソ……111

第4章

誉めるウソ・叱るウソ

第5章

苦境に威力を発揮するウソ …… 175

ビジネスを動かす「ウソの技法」

装丁・本文デザイン　松　昭教（松　昭教デザイン事務所）

第1章

騙すことなく心を獲るウソ

予測を裏切る言動で、誠意を演出する

相手の言葉を鵜呑みにするのは、幼児かノー天気な大人である。

常識ある人は、

（なぜ、この人間はそういうことを言うのか？）

と、相手の言葉を無意識に吟味しながら話を聞く。

「買うか買わないかはともかく、見積りだけでも出しておきましょう」

営業マンが言えば、

（なんとか買わせたいんだな）

と推測する。

「このバスタブもそろそろ寿命ですね」

販売店から修理に来て、寿命を強調すれば、

（買い換えを勧める気だな）

とウラ読みをする。

あるいは、結婚披露宴で仲人の挨拶。

「○○大学を優秀な成績でご卒業され……」

聞いていて、

（そうだろうとも）

と、話の展開が読めるだけにシラケ気分になる。

これが「役割期待」という感情で、

（仲人だからこう言うだろう）

（営業マンだからこう言うに違いない）

と、人間は誰でも相手の職業や立場、状況などに応じて言動を無意識に予測（期待）し、予測（期待）どおりの言動が続くと、うんざりしてくるのである。ならば、「役割期待」を逆手《さかて》に取ったらどういうことになるか。

一例をあげれば、先の風呂の修理だ。

買い換えを勧めるだろうと予測（役割期待）していたところが、

「寿命？　まだまだ大丈夫ですよ」

こう言われたらどうか。

（あれ？）

と意外に感じるだろう。そして、こう思うはずだ。

（誠実な人だな。買い換えるときは、この人に相談しよう）

人柄に惹かれて、その場で買い換えを決心するかもしれない。

これが《役割期待のウソ》で、相手の信頼を得るには、簡便で効果的な方法なのである。

「ここだけの話、このクルマは出たばかりですからあまり値引きができないんです。暮れまで待ったほうがお得ですよ」

これは私の体験だが、若手営業マンにこう言われ、信頼と親近感がぐっと増したことがある。一台でも多く、そして早く売ろうとするのが、彼に対する私の「役割期待」であったからだ。彼はこの《役割期待のウソ》によって、私という顧客をつなぎとめていくことだろう。

応用はいくらでもきく。

「グループリーダーをやってみる気はないか？」

「ありがとうございます！」

手放しで喜ぶのは、上司にすれば「役割期待」で当たり前。

ところが、

「ありがとうございます。ぜひやらせていただきたいところですが、私よりA君のほうが適任かもしれません」

と真摯な態度で《役割期待のウソ》を用いれば、上司は驚き、

（この男、信頼できるな）

と認識を新たにするだろう。

「そんなにうまくいくかよ」

と懐疑の念を抱く人は〝人間オンチ〟。

なぜなら《役割期待のウソ》は相手に対する「誠意」でもあるのだ。自分の欲や思惑を封じ、相手のためを思っての言動であり、「誠意」が相手の感情をゆさぶらないわけがなかろう。それによって信頼を得るのは、あくまで結果に過ぎないのだ。

すなわち《役割期待のウソ》とは、「誠意」と同義語ということなのである。

たとえ話に潜むウソほど巧妙なものはない

『吉兆』といえば高級料亭の代名詞である。

「料理がうまい」

という連想よりも、

「高いだろうなァ」

と、つい値段のほうに意識がいってしまう。一九七九年、八六年、九三年と過去三度の東京サミットで日本料理担当に選ばれたことから、世界的にその名が知られるようになった。

『吉兆』は文化功労者の故湯木貞一氏の創業だが、親族たち五人に暖簾分けして独立させるに際して、

「料理屋と屏風《びょうぶ》は、広げすぎると倒れる」

と、多角化経営を厳しく戒めたとされ、『船場吉兆』をめぐる一連の報道のなかで、この言葉を見つけたとき、

（なるほど）

と膝を打つ思いであったが。

だが、よくよく考えてみると、創業者のこの戒めは《たとえのウソ》なのである。

たしかに屏風は広げすぎると倒れるが、それと料理屋の多角経営とは何ら関係しないにもかかわらず、「屏風」というリアルなイメージが『船場吉兆』に被《かぶ》さって、

（あの老女将、儲けに走りすぎたんだな）

と、賞味期限切れや産地偽装問題、さらには食材の使いまわしもさもありなん、と納得する。

これが《たとえのウソ》なのである。

なぜウソかといえば、自分の都合でいかようにも使えるからだ。

「料理屋」と「屏風」の例でいえば、『船場吉兆』の真反対――すなわち多角化を放棄し、伝統にしがみついたばかりに倒産した料理屋に対しては、

「料理屋と屏風は、広げな立ちまへん」

つぼめたままにしているから倒れたのだ――と言えば、

（ホンマやな）

と頷《うなず》くだろう。

ことほどさように《たとえのウソ》は重宝なものなので、特に相手を説得したいとき
や自説を押し通したいときなど、〝攻め〟に用いて威力を発揮する。

ウラ社会の人間が交渉事において、かならずと言っていいほど《たとえのウソ》をま
ぶすのは、そういう理由による。

たとえば友人に頼まれ、ヤミ金融の取り立てに同席したとする。

「お宅、なんやねん」

パンチパーマが凄《すご》む。

「この男の友人です」

「ほう。なら、友だちがイモ喰うて、お宅が屁ぇこきまんのか？」

「はッ？」

「屁ぇこくかきいてんや！」

「いえ……」

「こらッ！　責任《ケツ》持てへんのやったら、さっさと去《い》なんかい！」

ただ「帰れ」と言ったのでは、「私が同席すると不都合なことがあるんですか」と反論の隙をあたえてしまうが、「イモ喰うて――」と《たとえのウソ》を前段にカマせば、相手はなんとなく納得する。こうして〝証人〟を追い返し、債務者を一人にしておいてガンガン追い込むというわけである。

「たしかにこの企画にはリスクがあります。しかし、鳥が逆風を浮力として舞い上がるがごとく、リスクという逆風は、むしろ我が社にとって飛躍のチャンスだと確信しております」

「鳥」と「企画」のあいだに論理的整合性はまったくないが、「鳥が逆風を舞い上がる」というたとえ自体は〝真実〟であり、ここにトリックがある。

《たとえのウソ》は、たとえて言うならご飯にまぶす〝ふりかけ〟のようなものだ。主食にあらず、副食にあらず、しかしご飯はすすむ。気軽にせっせと振りかければよいのだ。

能力アップより人気度アップを狙え

私の知人に評判の医者がいる。

Q先生といって、四十代半ばの、病院に勤務する内科医だ。患者の信頼が篤く、「いい先生だ」と口をそろえる。医者としてどれほど有能であるのか、シロウトの私にはわからないが、評判のよさにはただ感心するばかりである。

で、ある夜のこと。

Q先生と居酒屋で一杯やりながら、

「ずいぶん評判がいいね」

と水を向けてみた。

「いやあ、そんなことないですよ」

と、さかんにテレていたが、盃を重ねるにつれ、こんなことを話し始めた。

「診察しながら患者さんとおしゃべりするように心がけているんです。初診の場合は病状だけでなく、どういう生活を送っているのかを訊きます。再診で定期的に来院する患者さんについては、生活ぶりがわかっていますから、それを話題にします」

子供のこと、孫のこと、家族のこと、趣味のこと、仕事のことなどを話題に出して、

「最近、どうですか」

と問いかけるのだという。

短時間であっても、雑談という医者の立場を離れた会話をかわすことによって患者は親近感を覚え、「あの先生はいい人だ」と評判になっているのではないか——と、Q先生は自己分析してみせた。

まさにそのとおりで、これが《余談のウソ》であり、〝プロ〟の人気は本職の部分よりも《余談のウソ》にあるのだ。成績がすべてとされるスポーツ選手でさえ、容姿や性格など全人格が評価され、それが人気のベースになっている。反対に、チームを優勝に導こうとも、客を呼べない監督もいる。

すなわちプロとは、能力と人気を両輪とし、《能力×人気》の総数によって評価されるということなのである。「人気」を「人望」に置き換えればビジネス社会になるのだが、

《能力×人気＝出世》という発想をするビジネスマンは少ない。

さらに、能力という絶対値にウソがつけない以上、人気においてウソをつくしかないということに気づく人間は、もっと少ないのである。

Q先生は、〝おしゃべり〟で患者の人気を得て、それが信頼につながり、評価へと昇華させていった。

「お孫さん、元気で幼稚園に通ってますか？」

他人の孫に関心がなければ、この言葉はウソになるが、《能力×人気》という図式において、このウソが大きく貢献することになるのだ。

「部長、奥様のフラダンス、ずいぶん上達されたでしょうね」

敵は本能寺――。これが人間関係における〝ウソの本質〟なのである。

事実が担保する数字のウソ

数字は決してウソをつかない。

１＋１は、誰が計算しても2である。

だが、数字そのものはウソをつかないが、提示の仕方によっては巧妙な〝ウソ〟になるのだ。

こんな例はどうか。

友人がレストランを開業して三年がたったときのことだ。

「どうだい、商売は？」

ガランとした店内を見まわしながら水を向けると、

「見てのとおりさ。この不景気じゃ、どうにもならないよ」

「八台分の駐車場はムダじゃないのか？　固定経費を減らせよ」

「でも、一台が月一万円だからな。借りておいてもいいかな、と思ってさ」

「だけど、月一万円ってことは年間十二万円じゃないか。二台減らせば二十四万、三台なら三十六万円が浮くんだぜ」

「三十六万……」

私の計算に友人は「ウーン」となり、あわてて八台を五台にしたのである。

月額なら安いと感じ、年額なら高いと感じる。絶対値の数字はウソをつかないが、提示の仕方によって、安くもなれば高くもなる。すなわち、価値観が揺らぐということにおいて、「数字はウソつく」ということなのである。

そして、「ウソをつかない」と信じられている数字が「ウソをつく」のだから、これは用い方によっては強力な〝人間操縦術〟になる。

たとえば、フィットネスクラブでジャズダンスを指導する私の知人は、ダイエットをウリにこんなセールストークをする。

「いいですか、みなさん！　一ヶ月の目標はわずか一キロ！　そうすれば半年で六キロ、一年後にはなんと十二キロも体重が落ちるんです！」

だから継続して私の講座を受講すべし——と言外にアピールするわけである。

たしかに月一キロ落とせば一年で十二キロ落ちる。これは「事実」であり、誰が計算してもそうなる。だが一年後に十二キロ落ちている女性がいったい何人いるだろう。これが《数字のウソ》を用いたセールストークであり、この女性インストラクターは決して会員を騙したわけではないのである。

応用はいくらでもきく。

「他人に抜きん出ようと思うなら、一時間早く出社したまえ。週五日で五時間、一ヶ月で二十時間、一年で二百二十時間――。じつに一ヶ月分に相当する。いい仕事ができるはずだ」

「いいか、エベレストだって一歩一歩の積み重ねでしか登頂はできないんだぞ。今日の一歩、明日の一歩――。この努力の積み重ねが、キミを頂上へと押し上げていくことになるんだ」

さらに、理屈をまぶしてひとヒネリするなら、

「誰もが千里の道を行けるとは限らない。しかし、目前の一歩なくして千里の道に到達することは絶対にないのだ」

部下や後輩にイヤな仕事を押しつけてなお、奮い立たせたいときは、「一歩＝千里」という《数字のウソ》で迫ればよい。

ちなみに、逆表現の《数字のウソ》もある。

たとえば、毎年一万円ずつ昇給していくとする。

月額に直せば八百円だ。

「初任給は二十万円。給料は毎年アップして、十年勤続で五割増しの三十万になるぞ」

こう言われれば、

（オッ！）

という気になるが、

「給料は毎月八百円ずつアップだ！」

と言われたのでは、新入社員は暗い気持ちになるだろう。

《数字のウソ》とは、数字という「事実」を用いた〝我田引水〟の技を指すのだ。

打算心をくすぐるヴィジョンをぶち上げる

スーパーコンピュータも、ソフトがなければただの〝箱〟である。

人間も同じだ。

身体も脳ミソも、それ自体はただの〝箱〟であって、この箱を人生においてどう活かすかによって「価値」が出てくる。たとえば百メートルを九秒で走ったからといって、「それがどうした」と言われればそれまでのこと。「足が速い」というハードウェアと「人生」とは何ら関係しないのである。

ところが、足の速い人間がオリンピックに出場すればどうなるか。百メートルを九秒で走れば人生は一変。歴史に名を刻むヒーローになる。

あるいは外国語。中国語に堪能だからといって、それを活かす場がなければ無用のスキル。すなわち能力は、それ自体よりもむしろ、「活かし方」に意味があるということなのである。

さて、本題はここからで、何ら誇るべき能力がない人間はどうすればいいか？

「能力がなきゃ、活かしようもないじゃないか」

と、いじけるようでは一生、冷や飯である。

誇るべき能力がなければ、逆発想すればよいのだ。

つまり、「活かし方」だけを語って、「能力」については頬《ほ》っかむりするのだ。

こんな例がある。

某証券会社の若手営業マンである石倉吾郎氏（仮名）は、大学時代はアーチェリー部に入っていたとかで、上司や得意先相手にこんな話を披露する。

「いずれはオリンピック——なんて夢を描いていましてね。国体選手をめざして練習に励んでいたんですけど、なかなか勝負運に恵まれなくて」

「ほう、オリンピックかね！」

「青春時代の夢ですよ。私が所属するＱ県は選手層が厚くて、国体選手という壁をついぞ越えることができなかったんです」

こうして「石倉はたいしたもんだ」という評判を得ていくのである。

石倉氏の技量がどの程度のものであるか誰も知らないし、根掘り葉掘り訊く人間もいない。なぜなら「石倉は本当にアーチェリーの有望選手だったのか?」ということを詮索するよりも、「オレの知り合いにオリンピックをめざした男がいる」という話のほうが、〝自慢の話題〟になるからである。

かくして能力とは関係なく、「国体」「オリンピック」という〝能力を活かす場〟だけが一人歩きしていったというわけである。

石倉氏は決して騙したわけではない。国体も、オリンピックもめざしたということにおいて事実なのだ。すなわち「事実」に「夢」というスパイスをまぶすことによってひと味変えてみせる——これが《夢のウソ》なのである。

スキルのない人間は、《夢のウソ》を語ることだ。

「いずれ独立してＩＴ関連の会社をつくります」

「まあ見ててください。ヨーロッパで暴れてみせますから」

「これからビジネスチャンスはインド。将来、インドで会社を立ち上げるつもりです」

ホントかいな——と周囲の人間は思いつつも、

（ひょっとして）

というスケベ心が一方で頭をもたげてくる。人間が打算の生き物といわれるユエンで、

（一応、ヤツとは仲よくしておいたほうがいいだろう）

と、すり寄ってくる。

これが《夢のウソ》の効用であり、人がすり寄ってくれば、それは有形無形の強力な武器になるのだ。

「独立して会社を興し、上場するんだ」

「そんな夢物語みたいなこと言って」

「たしかに夢かもしれない。だけど、その夢に人生を懸けてみたいんだ」

真摯な思いとして《夢のウソ》が相手に伝われば、

（この男、ひょっとして……）

打算が鎌首をもたげてくるのである。

カネをかけずに特別扱いしてみせる

人の心をつかみたければ「特別扱い」をしてみせることだ。

「当たり前じゃん」

と、したり顔をしてはいけない。「特別扱い」の本質を理解している人は意外に少ないのだ。

たとえば、私が馴染みの鮨屋に顔を出したときのこと。

「おっ、ちょうどよかった。白身のいいネタが入ったんで食べてみてくださいよ」

板サンが突き出しに刺身を切ってくれた。

「うまいねぇ」

私はうれしくなってニコニコ笑顔で言う。

あるいは、

「いつもご利用ありがとうございます。窓際の席をご用意しておきました」

高層階のレストランでマネジャーにそう言って迎えられたときは、気分上々で、これからもこの店を利用しようと思った。

これが「特別扱い」だが、私は刺身をただで食えるからニコニコ笑ったわけでもなければ、窓の夜景を喜んだわけではない。私だけ特別サービスをしてくれる、という相手の気づかいがうれしいのだ。

すなわち、相手に〝気づかい〟が伝わりさえすれば、具体的な何かをあたえなくても「特別扱い」は成立するということになる。

たとえば前述の鮨屋でこんなことがあった。

「ヒラメを切ってよ」

「向谷さんだから言うけど、今日のヒラメは勧められないよ」

これも「特別扱い」であり、板サンのこの気づかいに私はうれしくなるのだ。

あるいは、こんな例もある。

ずいぶん前になるが、私の編集企画会社で、キックボクシングの大会パンフレットをつくったときのことだ。発注者は元ヤクザでジムのオーナー。手広く商売をするコワモテのやり手だった。

金離れがよく、懇意にしていた私はよくご馳走にもなっていたので、パンフレットの代金は即刻、支払ってもらえるものと思っていた。

ところが払ってくれないのだ。納品して一ヶ月がたち二ヶ月が過ぎても知らん顔。何度か催促して、やっと払ってもらったのだが、そのとき元ヤクザのジムオーナーはこう言ったのだ。

「あんただから払うんだぜ」

このひとことで、私はうれしくなったことを覚えている。払うのが当たり前であり、非は相手にあるにもかかわらず、「特別扱いされた」という一点において、私はうれしくなったのである。

「端数はいいだろう」

「もちろんです」

ジムオーナーの値切りに、私は二つ返事でOKしていた。

いま思えば、若かった私は彼に手玉にとられたということなのだろう。これが《特別扱いのウソ》なのである。

「あっ、課長、早いですね」

「キミとの待ち合わせだ。遅れるわけにいかないじゃないか」

あるいは、

「キミ、来週末は空いているかね」

「部長のご用命であれば、いかようにもいたします」

キミだから、あなただから特別扱いですよ——と言外にメッセージすれば、相手はいい気分になる。《特別扱いのウソ》とは、会話に値打ちをつける大人の知恵のことをいうのだ。

防衛本能に訴える切り札「将来のあるキミだから」

次期衆院選をめぐって、山梨二区で自民党の候補者調整がおこなわれたときのことだ。党本部は重鎮・堀内光雄氏を公認、小泉政権当時の〝刺客組〟だった長崎幸太郎氏を比例選にまわすことを内定したが、長崎氏はこれに猛反発。「釈然としない」「筋が通らない」と記者会見で憤懣を口にし、党本部に再考を迫った。

このとき堀内氏が発したコメントは、

（さすが老獪《ろうかい》！）

とうなるものだった。

堀内氏は長崎氏について、こう語ったのだ。

「将来のある方なので、大局を判断し、党の方針に従って取り組んでほしい」

これを聞いて長崎氏はどう感じたろうか。私なら、気持ちはグラリ、である。

これがもし枕詞《まくらことば》なしで、

「大局を判断し、党の方針に従って取り組んでほしい」

と言われれば、私なら、

（なに言ってやがる）

カチンときて徹底抗戦である。

だが「将来のある方」と枕に振られると、

（そうだ、オレには将来があるんだ。目先のことにこだわらず、ここは将来を見据えて判断すべきじゃないか？）

そんな思いが芽生えてくるだろう。

「捕らぬ狸の皮算用」とはうまいことを言ったもので、「将来」とは「不確定」と同義語であるにもかかわらず、

（そうだよなァ）

と、バラ色の部分だけを都合よく考えてしまう。

そこまでノー天気でなくとも、人間はネガティブな現状に陥ると、それをなんとか肯定的にとらえたいという防衛本能がはたらく。だから「将来」という言葉は〝渡りに舟〟

でもある。これが《将来のウソ》のメカニズムなのである。

「将来のあるキミだからこそ、私はあえて諌めるんだ」

「部長は将来、会社を背負って立つ方です。ここは我慢してください」

「子供の将来のために、いまこうして苦労してるんじゃないか」

騙すわけではない。

「将来の可能性」という一面の事実を口にするだけのことであって、相手が〝将来像〟をどう膨らませようと、それはあずかり知らぬことなのである。

競争社会という現実にあっては、相手をネガティブな状況に追い込むことも少なくない。《将来のウソ》とは、相手の怨みを買わず、良好な人間関係を保つ方便でもあるのだ。

情をからめとる「納得」の詭弁術

人間は、「納得」はしても「説得」はされない。

私の持論である。

ここにウソがある。

たとえば、私が墓地を購入するため親父を連れて現地見学に出かけたときのことだ。

「エー、私ども霊園の墓地は東向きと西向きがありまして、こちらが東向き、こちらが西向きになっております。東向きのほうがお値段は少しお高くなっておりますが、まっ、日当たりはよろしいかと」

メガネをかけた若い営業マンが手をかざしながら、ニコやかに説明する。

背中合わせになったお墓が東西を向いてズラリと並び、ところどころに〝分譲地〟が残っている。

「西向きでいいじゃないか」

私が親父に言った。

「ウーン……。日当たりのいいほうがいいんじゃないか」

親父が異を唱える。

「家を建てるわけじゃあるまいし、日当たりなんかどうだっていいじゃないか」

私が〝論理〟で説得を試みるが、親父は渋い顔をしている。そこで、ふと思いついて、こう言ってみた。

「西向きということは、広島に向くということだぜ」

親父の顔に喜色が走った。

広島は郷里であり、お墓も広島にあるのだが、遠いので、いま住んでいる千葉に分骨するための墓地の購入である。

「それに――」

と私が続ける。

「お浄土は西方にあるじゃないか。郷里の広島に向き、お浄土に向かって建つんだ。値段じゃない。ウチのお墓は西向きにすべきだと思うな」

「そうじゃ、西向きじゃ！」

かくして西向きの墓地を購入した次第。

理屈では「ウン」と言わなかった親父が、「広島に向く」というひとことで西向きの墓地購入に同意した。

これが「納得」である。

「広島に向く」はもちろんウソではない。だが、広島に向くということを説得術にしたのは詭弁《きべん》——すなわち《方法論のウソ》なのである。なぜなら、墓地を東向きにしたければ、私は親父にこう言えばいいのだ。

「広島に向かって拝むんだぜ」

そのためには、墓は拝む人と反対向き——すなわち東向きでなければならないというわけである。

「お客さん、ちょっと値が張りますが、このカバンなら一生もんですよ」

こう勧められれば、なんとなく納得してしまうが、同じカバンを一生、持ち歩く人がどれだけいるだろう。

「我が社の建売住宅はすべて、大工によって仕上げられた手作り工法です」

こう胸を張って言われれば、見学に来た客はなんとなく感心してしまうが、「大工による手作り」がなぜ素晴らしいのか、じつのところ客はよくわかっていない。

だから逆に、

「我が社の建売住宅はすべて、ハテイク工法です」

こう胸を張って言っても同様で、見学客は感心することだろう。

人間は論理では納得しない。納得しなければ、それが正しいとわかっていても釈然としない気持ちが残る。ところが納得さえすれば、それが論理的でなくても受け容れてしまうのである。

「部長、このプロジェクトをやらせてください」

「時期尚早だろう」

「そうかもしれません。しかし、たとえ時期尚早であっても、他社に遅れをとってホゾを噛むよりはいいと思います」

言われてみればもっともだ——相手にこう思わせる技術が、すなわち《方法論のウソ》なのである。

密室効果を最大限に活かしきる

「四知《しち》」という故事がある。

後漢書の楊震《ようしん》伝が出典とされ、こんなエピソードが紹介されている。

ある夜、役人に採用してもらったお礼にと、男が楊震の家を訪ね、

「誰も知る人もいませんから、安心して受け取ってください」

と言ってワイロのお金を渡そうとすると、楊震はこう言ってたしなめた。

「キミの人柄を見込んで推薦したのに、キミは私を見くびっている。誰も知る者がいないなどとんでもないことで、天が知っている、地が知っている、私が知っているし、キミが知っている」

これが四知の故事で、《天知、神知、我知、子知》――すなわち「天知る、地知る、我知る、子知る」と読み、

「ウソはバレまっせ」

という戒めとして用いられる。

だが、視点を変えれば、天と地は言葉のアヤで、「密室でかわされたウソについて知っておるのは、わしと、あんたの二人しかおらん」ということになる。

ここに《密室のウソ》が登場する。

その典型が、参院のドンこと青木幹雄議員である。

故小渕恵三氏が首相在任中の平成十二年四月二日、脳梗塞で順天堂大学附属医院に緊急入院したときのことだ。病室を見舞った青木幹雄官房長官（当時）は、二人きりで小渕首相と話し、「首相臨時代理になるように言われた」と記者団に発表。首相臨時代理となった青木氏は〝政治手腕〟を発揮して、盟友・森喜朗総裁誕生につながっていったとされるが、「意識を失っていたはずの小渕が、本当に青木を代理に指名したのか？」という疑惑は当時から取り沙汰されていた。

だが、真相はヤブのなか。真偽を知るのは《天知、神知、我知、子知》の四者だが、「天知る」「地知る」は言葉のアヤで、残る小渕氏が死去となれば、「我知る」の青木氏一人ということになる。このあたりについては『逆心　青木幹雄』（松田賢弥著）にくわしいが、この労作を読みながら、私は某出版社のT編集長の顔を思い浮かべていた。ヒットメーカーだけに、T編集長はいつも強気で、販売部が難色を示す企画も強引に押し切ってしまう。

ところが、ある企画が見事にコケて大赤字が確実になってしまった。編集担当役員も営業部もこぞって反対するのを、これまたT編集長が例の迫力で押し切っての刊行であった。

「ちょっと来てくれ！」

T編集長が役員に呼びつけられ、編集部を出ていった。

編集部員一同、固唾を呑んで編集長がもどってくるのを待つ。編集長を解任か。いや、実績からいって、そこまではあるまいが、厳しい叱責になることは目に見えている。売り言葉に買い言葉で、まさか辞表なんてことには……。

カリスマ編集長の力があったればこそ、編集部は自由な企画をやれたのだ。T編集長が外れるようなことがあれば一大事であった。

T編集長がもどってきた。

鼻歌混じりで、足取りも軽やか。すこぶるご機嫌なのである。

「あのう編集長、役員は……」

部員の一人が、おっかなびっくりで訊くと、

「どうってことねぇよ。これに懲りずにハデな企画をブチ上げろって、ハッパをかけられたぜ」

と言って、カラカラと笑ったのである。

これには部員一同、安堵しつつ、「よし!」とばかり気合いが入ったという次第。

一杯やりながら、T編集長からこの話を聞き終わって、私は言った。

「で、本当はどうなの?」

「何が?」

「役員は何と言ったのさ」

T編集長はニヤリと笑って、

「次にコケたら辞表を出せってさ。目を剥いて怒ってたよ」

T編集長は《密室のウソ》を使い、見事に編集部の士気を高めたのである。

「一度だけ」の波状攻撃でがぶり寄る

「100」という数字は、「1」が百個集まったものである。

当たり前だと言ってはいけない。この理屈がわかっているかどうかで、頼み事の成否は大きく変わってくるのだ。

こんな例はどうか。

ママさんバレーの練習のあとで、佐藤未央さん（仮名）が、米山房子さん（仮名）から化粧品のネットワークビジネスに誘われた。

「ねぇ、私の家で説明会があるんだけど、来ない？」

ネットワークビジネスとはマルチ商法の別称で、商品購入を媒介として会員を階層的に増やしていくビジネスのことだ。合法ビジネスとはいえ、ネズミ講のイメージがあって佐藤さんとしては関わり合いたくなかったのだが、米山さんは四十代でサークルの重鎮。佐藤さんは二十代と若い。

だから断るのも遠慮がちになる。

「私、そういうのはちょっと……」

「時間は取らせないわ。担当者が説明に来るから、話を聞いてくれるだけでいいの」

「でも……」

「そんなこと言わないで、一度だけでいいんだから、お願いよ」

と拝むようにして頼まれた。

一度だけ——と米山さんが言っているのに、それをも断ると人間関係を損ねるような気がして、

「じゃ、一度だけなら……」

と承諾した。

そして数日後。佐藤さんが米山さんの家に出かけ、数人の主婦と一緒に説明を受けたあとで、米山さんは佐藤さんにこう持ちかけた。

「試しにやってみたら？」

「私はちょっと……」

「そんなこと言わないで、一度だけ。一度やってみたらいいじゃないの」

「でも……」

「大丈夫。一度やってすぐやめる人、多いんだから」

かくして佐藤さんは化粧品を購入し、ネットワークビジネスを始めた。

商品が売れず、佐藤さんがビジネスをやめようとすると、

「あら、やめるなら報奨金を一回もらってからにすれば？」

こう言って、米山さんはズルズルと引っ張り続けるのだった。

一度だけ、一回だけのつもりが、状況が変わるたびに次々と新しい「一」が出てきてからめとられていく。これが《一回だけのウソ》であり、冒頭に「『100』という数字は、『1』が百個集まったものである」と記したのは、《一回だけのウソ》の本質について言ったのである。

「一度で結構ですから、お目にかかりたいのですが」

「一回で結構ですから、我が社の製品を見ていただけませんか」

「一台で結構ですから、我が社の製品を購入していただけませんか」

「そんな、一度の故障で評価しないでください」

交渉術とは、手を変え品を変えて相手を押し込む技術のことなのである。

初対面で会話をリードするゆさぶり

「どこかで、お会いしてませんか?」

初対面だと思っていた相手から、いきなりこう言われて、気持ちが揺らがない人間はいない。

「エッ?　どこでしょうか……」

曖昧な笑顔の下で、あせりつつ必死で記憶の糸を探る。

(仕事?　いや、誰かの友人か?　同窓?　違うな……)

思い出せない。

ということは、トラブルとか、そういうことがあった相手ではないのだろう。いや、うんと昔であれば忘れているということもある。

「そうでしたか。いやいやそれはどうも」

緊張と親近感とが入り交じった複雑な気持ちで、相手の言葉を待つ。この時点で、すでに相手のペースだ。〝再会〟であるかどうかは関係ない。「お会いしていませんか?」

と問いかけたひとことで、相手は自分のペースに引き込んでしまったのである。これが《再会のウソ》だ。

私にこんな経験がある。

女性誌で人物インタビューの連載を持っていたときのこと。人気俳優の年配マネジャーと打ち合わせで会い、私が若いころ週刊誌の記者をやっていたという話をしたところが、

「じゃ、どこかでお会いしていますね？　なんとなく見覚えがあります」

こう言われて、私の頭はめまぐるしくフラッシュバックした。芸能関係もずいぶん取材したが、総合週刊誌だったので、記事にするのはたいていスキャンダルだ。どこで会ったか気になったが、詮索は〝藪《やぶ》ヘビ〟になる。

「そうですね。私も見覚えがありますよ」

私は笑顔を浮かべつつ、

「で、今度の取材の件ですが」

早々に話題を切り替えたのであった。

このマネジャーの「どこかでお会いしていませんか」は駆け引きでなく、たぶん本気

で言ったのだろう。それが記憶違いであるとしても、彼はこのひとことで私を動揺させ、交渉において先制得点したのだった。

《再会のウソ》は、ホストやホステスなど対人関係のプロが用いる。

「あれ？　どこかで会ってない？」

「エッ？」

「新宿によく行かない？」

「行くけど……」

女性客は必死で思い出そうとする。ひょっとして、ヤバイ場面や恥ずかしい場面で出会っているかもしれないからだ。ペースは完全にホストのものである。

ただし、大事なのはここから。

二流は、つい深追いしてしまうのだ。

「新宿によく行かない？」

「行くけど……」

「どこで会ったんだろう。映画館かな。映画って、よく行きます？」

「行かない」

「そう。じゃ、デパートかな」

「でも私、たいてい専門店だから」

「そう。じゃ、どこかな……」

会ったこと自体がでまかせなのだから、話はすれ違い、次第にシラケた雰囲気になっていくのである。

一流はさっと切り上げる。

「新宿によく行かない？」

「行くけど……」

「どこで会ったのかな。ま、いいや。ところで――」

記憶の糸を探らせたままにしておいて話題を転じれば、女性客は頭の片隅に「どこで会ったのか」という思いが巣くったままとなり、完全にホストのペースとなる。

広いようで狭い世間だ。どこかで会っているかもしれないし、他人の空似《そらに》ということもある。「どこかで、お会いしていませんか？」というのは、あながちウソとも言えないのである。

最後のひと押し「みなさん、そうですよ」

知人の不動産屋が、人間心理をこう喝破した。

「客の〝殺し文句〟はひとつ。ローンを組むときに『みなさん、そうですよ』とひとことつけ加える。これでたいてい落ちるね」

住宅を見学に来る客は、「買いたい」という強烈な希望を持ってやってくる。たとえいますぐは買えないとしても、近い将来、買うつもりでいる。これがウィンドウショッピングの〝冷やかし〟とは根本的に違うところだと、知人の不動産屋は言うのだ。

「買う気があるんだから、あとはいかに決心させるか。もっと言えば、いかに〝清水の舞台〟から飛び降りさせるか。これが、あたしらの仕事なんだね」

ビジネスの交渉も、相手は〝まとめたい〟という気があるから交渉のテーブルにつくわけだが、相手が一〇〇パーセント満足する条件では交渉にはならない。どこで手を打たせるか、ここが勝負。そこで、知人の不動産屋――田所肇氏（仮名）の説く《みなさん一緒のウソ》は大いに参考になるだろう。

「まずモノ――あたしらでいえば、新築ピカピカの家を見れば、お客さんはいやがうえでも気持ちが昂《たかぶ》りますよ。そこで、さらにネジを巻く。『どうです、この自然環境。ザリガニもいますし、セミも鮒《ふな》もカブト虫もいる。お子さんを育てるなら、なんたって自然環境ですよ』――。田舎の建売を売る場合はそう言うんです」

で、客が気に入ったとする。

目に〝欲しい、欲しい〟という字が浮かんでなお躊躇するのは、当然ながらローンの問題で、これは収入の多寡に関係しないと田所氏は言う。年収六百万円の人も、二千万円の人も収入に応じて目一杯の物件を購入しようとするからだ。

つまり、誰もが返済ギリギリのローンを組まなければならず、だから躊躇する。

「逆をいえば、問題なくローンを払っていけるとなれば買うってことなんだよね。だけど、いくらあたしが〝大丈夫ですよ〟と言ったって、〝ハイそうですか〟とはならないやね。そこで、あたしが電卓をパッパッと叩く」

月々の返済額、ボーナス月の返済額を見せると、たいてい顔を曇らせるが、これは当然、計算のうち。

「なんだ、奥さんがパートに出れば余裕の返済じゃないですか！」

ニコニコ笑顔をたたえ、弾む声で言うのがコツだそうで、それでもまだ躊躇しているようなら、

「家計簿を見直してください。これはあたしの長年の経験から申し上げるんですが、月に二万やそこいらのムダはどこの家庭でもあるんです。パートで五万、二万のムダを省いて計七万。ご主人の給料から七万で、総計十四万円。ローン返済については、まったく問題ないですね」

そして、真顔にもどって、

「みなさん、そうやって家を購入しているんですよ」

切り札の《みなさん一緒のウソ》で迫る。

「あなた、買いましょうよ。私、パートで頑張るわ」

度胸がいいのはたいてい奥さんだそうで、亭主のケツを叩く。

「だけど、おまえ……」

「大丈夫よ。頑張るなら子供が小さいうちじゃない？」

「そりゃ、そうだけど……」

「あなた、私たち家族の家なのよ」

こうして亭主を押し切るのだと、田所氏は苦笑する。

そして、ころあいを見計らって、

「じゃ、庭の植木、ウチでサービスしましょう。ただし、お宅だけですからね。他の人には黙っててくださいよ」

これでハンコをつく。たとえ庭の植木程度であっても、得をするという意識は、自分を納得させるという意味において決断に大きく影響する――というのが、この道三十年という田所氏の実戦心理術なのである。

「単価が高いとおっしゃいますが、それはロットを増やすことと流通経費の見直しで吸収できると思います。他社さんは、みんなそうやっておられると聞いております。それに、御社だけ初回のメンテナンスは私どもでサービスさせていただきます。他社さんにはご内密にお願いします」

みんなで渡れば怖くないという人間心理は、赤信号だけではないのだ。

実害なき親切アピールで顔を売る

テレビに〝ヤラセ疑惑〟はつきものだ。

「いま、その恩人がスタジオに見えています！」

「エエッ！」

なんていう〝感動番組〟や、

「こんなに痩せました！」

といったダイエット番組であればヤラセもご愛敬と笑ってすませるだろうが、「事実」をウリにするドキュメンタリー番組となれば話は別だ。

たとえば放送した暴走族の集会が、番組スタッフの依頼で集まったものとなれば、ドキュメンタリーとしては成立しなくなる。

ところが、こうした批判に対して当の制作局は、

「番組制作の過程において、演出の範囲と認識しています」

という見解を示し、ヤラセではないと正面から否定することがある。

「ヤラセ」と「演出」は同義語だと私は思っていたが、そうではないと天下のテレビ局が堂々と否定するのを聞いて、目からウロコの思いだった。ヤラセが場合によって「演出の範囲」として許されるのなら、ウソも目的やつき方によっては「演出の範囲」として許容されるのではないか——そう思ったのである。

ならば、相手に実害がなく、自分の評価を上げるためにつくウソは「演出の範囲」に入ると言っていいだろう。

こんな例はどうか。

知人で、居酒屋店主がベンツSL500の中古車を買ったときのことだ。五年落ちで色はホワイト、走行距離六千キロ。価格は六百万だった。

「なかなか程度のいいクルマでね、拾いもんでしたよ」

カウンターを挟んで、店主が客相手に自慢すると、日野省一氏（仮名）が、

「なんだ、マスター。ベンツを買うなら、あたしにひとこと相談してくれればよかったのに」

と顔をしかめて、

「懇意にしている男が外車専門の中古車店をやっているんですよ。あたしが言えば相場

の三割引で手に入ったのにねぇ。五年落ちのＳＬなら四百万で売らせますよ」

「そうだったんですか……」

二百万円も違うとなれば、店主が落ち込むのも当然だったろう。

日野氏は最近、顔を見せるようになった客で、年齢は五十がらみか。サラリーマンのようだが、社名を明かさないところを見ると中小企業にでも勤めているのだろう。さして〝上客〟でもなかったが、このベンツの一件以来、店主は日野氏に一目置くようになったのである。

このとき私は、ふと意地悪く思った。

（店主はすでに購入してしまっているのだから、何とでも言えるんじゃないのか？）

要するに日野氏は〝後出しジャンケン〟でいい顔になったのではないか——という思いなのである。しかも、この〝後出しジャンケン〟は、日野氏が中古車屋に知り合いがいなくても成り立つ。マスターはすでに購入してしまっているのだから、「じゃ、頼むよ」ということはあり得ないわけである。

もし日野氏が、中古車屋を知らないでそう言ったとしたらウソをついたことになるが、このウソで店主に実害があったわけではない。日野氏が金品を騙し取ったのでもない。

ただ、「あの人は顔が広い」と日野氏の人物評価が上がっただけなのである。

「自分を大きく見せる」ことを目的とするなら、このウソは「演出の範囲」ということにならないか？　自分を大きく見せることで有形無形のプラス面があるだろうが、これは、テレビ局が「演出」によって番組を盛り上げ、視聴率を稼ぐのと同じなのである。

「家を買った？　なんだ、私にひとこと相談してくれればよかったのに」

「リフォームした？　なんだ、私にひとこと相談してくれればよかったのに」

応用はいくらでもきく。

そして、この話を伝え聞いた人間が相談してきたら、

「もうちょっと早く言ってくれればいいのに。先月、商売替えをしたところなんだ」

と残念がって見せればよい。

これが《演出のウソ》。マネをしろと勧めるのではなく、「ヤラセ」と「演出」について解き明かしてみた次第。

実際とは逆の「本当のあなた」を指摘する

私はかつて気学を研究し、鑑定もおこなっていた。著作もある。当時、じつに多くの人から相談をされた。

「ラーメン屋を開くんだけど、方位を観てくれない？」

「今年の開運方位はどっち？」

「子供ができないんだけど、どうしたらいい？」

請われるまま、気学について講習会をやったこともある。

私が籍を置く浄土真宗の宗祖・親鸞聖人が卜占《ぼくせん》（占い）を厳しく禁じていることから、私は得度に際して気学を捨てたのだが、気学を通して大いに感じ入ったのは、

「人間はいかに占い好きであるか」

ということである。

それも、相談者が喜ぶ〝ご託宣〟は二つ。

「あなたの人生はバラ色です」

という〝将来のお約束〟と、

「あなたは、本当はやさしい人です」

という〝本当の自分〟を指摘すること。

ことに後者は、相談者から信頼を得る手段として有効である。

なぜなら人間は誰しも、

（いまの自分は世間を渡るための仮の姿を演じているのであって、本当は違う）

という思いが潜在的にあるからだ。そう思うことで、「本音」と「建て前」という相反する生き方に折り合いをつけていると言っていいだろう。

だから占い師は、「本当のあなた」と「世間でのあなた」のギャップを攻めるのだ。

「あなたは明るく振る舞っていますが、本当は寂しがり屋ですね」

「あなたは見かけと違って、本当はものすごく人に気をつかっていますね」

ざっとこんな調子で「本当のあなた」を指摘すれば、

（そう、そうなんです！　この人は私のことをわかってくれる）

と感激する。

人間、誰しも孤独であり、人間関係に気疲れしているので、この〝ご託宣〟は万人に共通することなのだが、占いに足を運ぶ人は、そこに思い至らないのである。

占いの是非は別として、心理術の面から見れば、「本当のあなた」を指摘してみせる占い師の手法は、相手を感激させるということにおいて大いに参考になるだろう。

「キミはアバウトに見えて、本当は思慮深いんだね。私にはわかるよ」

「部長は豪放磊落に見えて、本当は部下を気づかってらっしゃるんですね。ボクにはわかります」

これで相手の気持ちはグラリ。

（ボクのこと、わかってくれているんだ！）

（そうか、キミは私のことをわかってくれているのか……）

これを《素顔のウソ》という。

姑息と言ってはいけない。

《武士は己を知る者の為に死す》

という古来日本人の美徳は、まさにこのことをいうのだ。

言質は取らせず、欲と打算で奮起をあおる

ただで動くのは地震だけである。

逆をいえば、地震以外は得になれば動く――ということでもある。獰猛なライオンでさえもアメとムチで調教され、サーカスの舞台で〝火の輪〟を潜《くぐ》ってみせるではないか。いわんや利害が複雑に絡む人間社会において「得になる」は、人を動かす最大のモチベーションになる。

ただし、「得になる」という約束をしたり言質《げんち》をあたえるのは拙劣だ。約束や言質は手形と一緒で、もし〝不渡り〟になるようなことがあれば信用は失墜してしまうからである。

そこで、「得になる」ではなく、「得になるかもしれない」と勝手に推測させるのだ。騙すのではない。欲と打算から、相手は鼻先にニンジンがあると思い込み、みずからの

意志で全力疾走するのである。

これが《推測のウソ》で、たとえばこんなふうに用いる。

まず、上司から部下――。

「キミの努力には頭が下がるよ。キミを育ててみたいな」

これでいい。

「育てる」と言っているわけではなく、「育ててみたい」と願望を口にしているだけなのだ。「育ててみたい」だから、それを実行するかどうかはわからないし、本気で育てるつもりであっても、部下が実際に育つかどうかは別問題なのだ。上司の言葉に部下が喜色を浮かべ、出世のチャンスとばかり目の色を変えるとしたら、それはあくまで部下の打算であって、上司のあずかり知らぬことなのである。

私にこんな経験がある。

大学を卒業した年の七月、私は某週刊誌の専属記者になるのだが、このとき編集者は私にこう言った。

「若手の駆け出しでかまわない。育ててみたいんだ」

で、私の初仕事は某クリニックの脱税事件。

「こんな原稿、学生でも書けるぞ！」

原稿を放り投げられた。カチン、ときたが、私の頭の隅には、この編集者の「育ててみたい」というセリフがこびりついているため、ぐっと辛抱。以後、十余年にわたって同誌で走り続けることになるのだ。

「育ててみたい」は約束ではない。

言質でもない。

「旅行へ行きたいなァ」と漠然と口にする願望と同質であるにもかかわらず、言われたほうは欲と打算から舞い上がり、期待に応えるべく必死の努力をするというわけである。

「キミにしかるべき活躍の舞台をあたえてみたいな」「キミの能力を存分に発揮させてやりたいね」――応用はいくらでもきくのだ。

反対に部下から上司へ《期待のウソ》を用いるときは、

「課長に私の人生を懸けてみたいんです」

「部長、私は死ぬまで部長についていきたいと思っています」

繰り返すが、騙すのではない。舞い上がるかどうかは、あくまで上司の問題なのである。

真実はかならずしも人を導かない

グリム童話の『白雪姫』は、どなたもご存じだろう。

「鏡よ、鏡。世界でいちばん美しいのは誰?」

白雪姫の継母である王妃が、魔法の鏡に問い、

「それは白雪姫」

と鏡が答えたため、王妃は激怒。白雪姫を殺すべく物語は大きく動いていくのだが、なぜ鏡はあんな返答をしたのだろうかと、私は子供心にずっと引っかかっていた。

(なにも本当のことを言わなくたって、王妃がいちばんきれいだと言っておけばコトはまるく収まるのに)

という思いである。

あるいは、地動説を証明しようとしたガリレオである。

天動説をとるローマ教皇庁から激しく迫害され、二度と地動説を唱えないと裁判で宣誓させられるのだが、宣誓のあとで、

「それでも地球は動く」

と、つぶやいたセリフはよく知られている。

私は子供のころガリレオの伝記を読んで、

（いずれ地動説は明らかになるだろうに、そこまで我を通さなくてもいいじゃないか）

と思った記憶がある。どうやら私は、ガキのころから処世術について大いに関心があったということか。

しかしながら、正しいことを「正しい」と主張することは「正しい」としても、それは理屈や事実としての正論であって、それを主張することで逆に目的が達せられなくなったとしたら、この主張は処し方として正しいといえるのだろうか。

たとえば、A建設営業部で、五十万円ほど営業経費の計算が合わなくなったときのことだ。調べてみると、小野寺和夫係長（仮名）の仮払い精算に問題があることがわかったが、稲村雄一課長（仮名）がこれを不問にし、領収書をかき集めて埋めるよう小野寺係長に指示した。

ところが、これに異を唱えたのが、私の知人である若手の浅田史朗君（仮名）だった。小野寺係長が下請け業者にたかっているというウワサもあり、こころよく思っていなかったからだと、浅田君はのちに私に語った。

「それって、不正じゃないですか？」

浅田君が稲村課長に猛然と抗議した。

「めったなことを言うもんじゃない。帳簿は合っているんだ」

課長が気色ばむ。

「合ったんじゃなく、合わせたんじゃないですか」

「それは言葉のアヤだ」

「不祥事の発覚が怖いんでしょう」

「失敬なことを言うな」

「役員に報告しますよ」

「好きにしたまえ。そのかわり、このまま会社にいられると思わないことだな」

二人の仲は険悪となり、私は浅田君から、どうすればいいか相談を受けたのである。

私は浅田君に問うた。

「キミは何のために正義を主張したんだい？」

「小野寺係長のデタラメさが許せなかったからです」

「なるほど。で、キミの〝正義の主張〟によって係長はクビになったのかい？」

「いえ、ボクのほうがヤバくなっちゃって……」

正しいことを「正しい」と主張した浅田君は「正しい」のだが、追放しようとした小野寺係長が会社に残り、反対に浅田君が辞めざるを得なくなったとしたら、浅田君の処し方はこれで正しかったのだろうか。

答えはノーだ。

私は浅田君にアドバイスし、稲村課長にこう言わせた。

「申しわけございません。私が言いすぎました。今後は課長が指示されたように、帳簿が合わなくなったときは、領収書をかき集めて処理するようにします」

課長は返事をしなかったが、それから一週間後、小野寺係長は地方へ飛ばされることになったのだった。

目的達成のために、あえて正論を曲げてみせる——これが《正論のウソ》であり、白雪姫の〝魔法の鏡〟やガリレオがこのウソがつけたなら、物語も歴史もきっと変わったことだろう。

第2章

上司・クライアントを動かすウソ

断られた相手に感謝の言葉を述べる

十人に営業をかけて、七人に断られたとする。

成功率三割——と考えるのは、二流の人間の発想である。

なぜならこの発想は、七人を〝捨て石〟と考えているからだ。十人で七人、二十人で十四人、三十人で二十一人……と、〝捨て石〟でまさに山を築くことになる。

一流は違う。

断られた七人を〝貯金〟と考える。「今回はたまたま断られたが、次回はなんとか成功させたい」と目標にする。だから断られたときは、すかさず次回のための布石を打ってから辞去するのだ。〝預金〟だからどんどん貯まっていく。一流の人間が営業して成功率が高いのは、そうした発想と努力によるのだ。

たとえば私の知人で、フリーのイベントプロデューサーである里中洋一氏（仮名）のやり方が、これだ。三十代半ば。編集プロダクションのライターから転向した新人プロデューサーだが、急速に人脈を広げ、メキメキと頭角を現している。

その里中氏が、ある宗教団体のイベントをプロデュースしたときのことだ。アトラクションに人気歌手の歌謡ショーを企画し、芸能プロに人気演歌歌手の出演を打診することになった。たまたま私がこの芸能プロを知っていたことから、仲介の労を取ったのである。

話を聞き終わった芸能プロ社長は、

「申しわけないけど、宗教団体はちょっとねぇ」

と断った。

霊感商法が問題になるなど、名も知れぬ宗教団体は〝色メガネ〟で見られがちだ。イベントで歌っただけであっても、信者と教団のあいだでトラブルでも起きれば、「広告塔」と週刊誌に叩かれるかもしれない。芸能プロにとって、宗教団体に人気歌手を出演させるのはリスクが大きすぎる――と、社長はそんな説明をした。

私が里中氏に感心したのは、このときの彼の態度だ。

「そうですか。よくわかりました。私のために貴重なお時間を頂戴して申しわけありませんでした。会っていただけただけで感謝しております」

落胆の表情も見せず、清々しい笑顔で言うと、深々と頭を下げたのである。これには芸能プロの社長が恐縮して、

「いや、こちらこそ。今回はそういうわけですが、また何かありましたら声をかけてください」

と、これまた笑顔を見せて言った。

「ありがとうございます。これをご縁に、いろいろご指導願えれば幸いに存じます」

里中氏は、断られたことを逆手に取って、この社長と交誼を結ぶことに成功したのである。

これを目《ま》の当たりにして、私は里中氏が頭角を現す理由がわかるような気がした。ある案件で十人のうち七人が首尾よくいかなくても、それを〝捨て石〟でなく〝預金〟しておけば、別の案件で生きてくるのだ。

断られた相手には、

「会っていただけただけで感謝しております」

仕事を一緒にした相手には、

「あなたと出会えて、この仕事に感謝しています」

これが《感謝のウソ》なのである。

お願い事をして断られるのは、誰しも不愉快なものだ。身勝手ではあるが、それが人情というものだろう。

だが、ビジネスマンとして一流になりたければ、それではだめだ。首尾よくいった相手だけを人脈として拾って歩くのは、ザルで砂金を掬うような、非効率で、気の遠くなるような作業であることに気づくべきだろう。

断られたときこそ、人脈を築くチャンスなのだ。

おべんちゃらを言うのではない。おもねるのでもない。

本気で、本心から、誠意をもって、

「会っていただけただけで感謝しております」

と《感謝のウソ》を言ってみるがよい。

これまでとは違った人生が拓けてくるはずである。

「身を挺して進言」のスタンスを誇示する

「おっ、ネェちゃん、ええオッパイしとるやないか」

市役所の総合受付でのこと。一見してヤクザとわかる中年男が、受付嬢の胸を無遠慮に見やりながらイッヒヒと笑った。

「ご用件は何でしょう」

「わかっとるやろ。ネェちゃんを口説きにきたんやないか」

さんざんカラかってから、男は住民票交付の窓口に向かったのだが、受付嬢は終始、うっすらと笑みさえ浮かべたまま、ついぞ怒ることはなかった。

私はたまたまこの光景を目にして、ふと思った。

(もし同じセリフを学校の先生が口にしたらどうなるだろうか?)

えらい騒ぎになったろう。

「教職者にあるまじき暴言！」「即刻、辞任せよ！」――ヘタすりゃ、メディアを巻き込んだ大問題に発展する。

あるいはＩＴ長者が、

「どんなきれいごとを言ったところで、所詮、世のなかはお金ですよ」

と言えば、

（やっぱ、そうだろうな）

と世間は頷《うなず》くが、同じセリフを名刹の高僧が言ったなら、

「このバチ当たりめ！」

非難囂々《ごうごう》であろう。同じセリフであっても、それを口にする立場によって許されもすれば、咎められもする――これが、是非を超えた人間社会の実相なのである。

ここにウソが介在する余地がある。

すなわち、「私はそれを言うべき立場にない」という〝前振り〟をうまく用いることによって、過激な主張も可能になる、ということなのだ。

「部長、私がこんなことを進言する立場にないことは重々承知しておりますが、あえて一言《いちごん》申し上げれば、このままでは営業部の将来は厳しいと思います」

「一介のヒラ社員が何を言う！」

とは怒られない。「進言する立場にない」と当人がハッキリ認めているのだから、そこを咎められることはないのだ。

このとき上司の反応は二つ。「立場になければ黙っていろ」と発言を封じるか、「言ってみろ」とうながすかのどっちかであり、後者が圧倒的に多いのだ。なぜなら、「進言する立場にない」と自覚する部下があえて「進言」しているのだ。その〝情報〟を無視することによるリスク――すなわち、あとでもし問題が起こったときに責任が問われるかもしれない、というリスクを無意識に回避しようとするからである。

「何だ、言ってみろ」

「報奨金の額に対して不満が渦巻いております」

胸を張って存分に主張し、最後は再び、

「お耳に入れたいと思い、あえて申し上げました」

と、「進言する立場にない」ということを再び述べて終わるのが、風当たりを回避しつつ、意見を述べる《前振りのウソ》なのである。

奢られたときは相手の人格を持ち上げる

上司や先輩に一杯奢ってもらったとき、あなたは別れ際に何と告げるだろうか。

「どうもごちそうさまでした」

笑顔のひとつも見せてお礼を言うだろう。

「うん。じゃ、気をつけてな」

「失礼します」

たぶん、こんな会話がかわされていることと思う。

だからダメなのだ。

なぜなら、「ごちそうさま」というセリフは奢ってもらったことに対するお礼であって、相手が支払った「お金」に頭を下げているのと同じであるからだ。

ところが、そのことに気づく人はいない。

奢ったほうもそこまで考えない。

「ごちそうさま」

「じゃ、気をつけてな」

「失礼します」

言葉こそ「感謝」になっているが、単なる儀式で終わってしまう。

おそらく、そこかしこの店先で、同じような会話がかわされていることだろう。これでは、酒席で差しつ差されつ、いくら話が盛り上がろうと、余韻を引かない鐘と同じで、店先で別れると同時に、気持ちは醒めてしまう。せっかく上司や先輩と酒席を共にし、奢ってもらっていながら、もったいない話ではないか。

有能な男は違う。

別れ際に、たとえばこんなセリフを告げるのだ。

「ひさしぶりに楽しい酒を飲ませていただきました」

「今夜のお言葉、肝に銘じます」

「部長が、まさかここまで気さくな方とは存じませんでした」

奢ってもらったことに対するお礼ではなく、相手の「人格」に感激し、同席できたことにお礼を言うのだ。

すなわち、

（あなたとご一緒できてよかった、あなたとお話できてよかった、あなたは素晴らしい人だ）

というメッセージを言外に発するのだ。

すると、相手はこう思う。

（オレって、まんざらでもないんだな）

なんだかいい気分になり、奢ってよかった、と好意を抱くことになる。

この余韻が大事なのだ。

いや、この余韻で上司や先輩の琴線を震わせるために、わざわざ奢ってもらうと言ってもいいだろう。こうした機微に通じたウソを《奢られ上手のウソ》というのだ。

むろんウソとはいっても、相手を騙すというのとは違う。《奢られ上手のウソ》とは、感動の気持ち、感謝の念をどういう言葉で伝えるか、コミュニケーション技術の優劣のことを指すのである。

ただし、

「今後ともよろしくお願いします」

という言葉は絶対に避けること。

どんな感動の言葉も、このひとことで現実に引きもどされ、上司や先輩は打算の匂いを嗅ぎ取ってしまうからだ。そうなれば、すべてが逆効果になって、感激すればするほど、お礼を言えば言うほど打算が際立って見えてしまうことになる。

何事もトドメのひとことが裏目に出てしまうもの。「今後ともよろしく」——この本心をあえて口にしないところが、《奢られ上手のウソ》のポイントなのである。

目の前でノートを開きメモをとる

ビジネス誌から、交渉術についてインタビューを受けたときのことだ。

仕事部屋が空手道場の一隅にあることから、取材が一段落したところで空手の雑談になり、七十歳を過ぎて入門してくる人もいるという話をしたところ、

「エッ？　七十からですか」

若い記者が目を丸くした。

「そうです。盆栽いじりではなく、若い連中に混じって汗をかく。三年を目標に初段を取って、いずれ子供の指導もしてみたい——そんな思いがあるようです。セカンドライフは、いよいよ実践の時代に入ってきたということでしょうね」

「なるほど。しかし、七十から始めて上達するものですか？」

「もちろん」

と私は答えて、《爾今生涯《じこんしょうがい》》という言葉を口にした。

「つまり年齢に関係なく、思い立ったときから新たな人生が始まる——これが爾今生涯

という意味ですね。〝いまさら〟という言葉は自己逃避です。何事も始めるに遅すぎるということはありません」

そんな説明をすると、

「ち、ちょっと待ってください」

若い記者は、いまカバンにしまい込んだ取材ノートをあわてて引っ張り出すや、

「もう一度、お願いします」

と言って身を乗り出したのである。

彼は私の言葉をメモにとりながら、

「インタビューの内容とは関係しませんが、個人的に《爾今生涯》という言葉に惹かれまして……」

と、そんな意味のことを言った。

私はこの記者がいっぺんに好きになった。それが本心であれ、パフォーマンスであれ、「身を乗り出してメモにとる」という仕草がいかに相手を喜ばせるものであるか、このとき再認識したのである。

あるいは、私が講師を務めた講演会で、前席の数人が身を乗り出すようにして耳を傾

けてくれたことがある。頷くときは頭を大きく上下させ、冗談を言えばのけぞって笑ってくれるのだ。

これがなんとも心強い。結婚披露宴のスピーチなどで、ジョークを言ってどっと笑いが起こる、あのうれしさを思い浮かべていただければ、このときの私の気持ちがおわかりいただけるだろう。

講演が終わって、この方々の何人かと名刺交換をするのだが、私はこの人たちに対して、無条件に好意を抱いている自分を意識したものだった。

人間はメッセージの約八〇パーセントを、ボディランゲージで伝えているといわれる。ボディランゲージとは態度、姿勢、表情、視線などのことで、たとえば退屈な講演であればアクビをするだろうし、興味ある話であれば目を輝かせるだろう。心の動きが仕草に表れる――これがボディランゲージであり、人間は誰しも無意識のうちに、相手の仕草から真意を探っているのだ。

となれば、言葉と同じように、ボディランゲージにも巧妙なウソが存在することになる。つまらないインタビューであっても、ノートを構えて身を乗り出せば、（素晴らしいお話です）

というウソになる。

退屈な講演やセミナーであっても、大仰なリアクションを見せれば、

（面白い！）

というウソになる。

上司のダジャレに腹を抱えて笑い、忠告には神妙な顔で頷けばよい。これを《リアクションのウソ》といい、良好な人間関係をつくるうえで有効な手段であるだけでなく、それがウソであると見抜かれる心配もない。なぜなら相手は、まさにリアクションを求めて話をしているからである。

相手についての記憶を創作してエサをまく

「ええっと、××さんは右の耳が聞こえにくかったんですね」

カルテを子細に見ながらしゃべる医者と、カルテなど見向きもせず、

「右の耳、その後いかがですか?」

やさしく微笑む医者と、どっちに信頼を寄せるだろうか。言うまでもなく後者だ。

（私の病状を覚えてくれている）

と思うだけで、信頼度はグーンと増す。だから患者心理に通じた医者は、ざっとカルテに目をとおしてから患者を診察室に呼び込むというわけだ。

あるいはホストも一流になると、前回、来店したときの服装や話題などをさりげなく出すことで、

（ボクは、あなたのことをここまで真剣に思っているんです）

と言外にアピールし、客を感激させる。

犬や猫などを飼っている客に対しては、ペットの名前をちゃんと覚えておいて、

「ポチ、元気？」

とやれば、客は破顔一笑となる。

以上のことから、個人情報はどんな些細なこと――いや、些細なことゆえ覚えておいて損はないということになる。

記憶になければ〝創作〟すればよい。

「課長、このあいだ締めてらした赤いネクタイ、とっても素敵ですね。私も欲しくてあちこち探しているんですが、どこで売ってるんですか？」

誰だって赤系のネクタイは何本か持っているもので、どのネクタイを締めたか当人に記憶がなくても、

（オレのこと、注目してるんだな）

と、この部下が可愛くなってくるという次第。これを《記憶のウソ》といい、罪がないだけでなく、相手を喜ばせ、その喜びが有益な形で自分に返ってくるという一石二鳥のウソなのである。

「知らない」と告げるときこそ好印象のチャンス

機械メーカーに勤める田中健二氏（仮名）が、部長のお供でクライアントを接待したときのことである。

話題がプロ野球のことになり、熱烈な巨人ファンだというクライアントが原監督の采配をひとしきり批判して、

「田中君、キミは原監督をどう思うかね？」

と話を振ってきた。

「そ、それが、私にはよくわかりませんで……」

野球に興味のない田中氏がしどろもどろになると、

「まっ、しかしなんですな」

部長があわてて話を引き取って、

「常勝を義務づけられた立場にしてみれば、プレッシャーが判断を狂わせることもあるんじゃないですか」

アッハハ、とその場を取り繕ったが、部長もクライアントも、田中氏を見る視線は冷ややかだった。

話題についていけないということは、ビジネスマンにとって大きなマイナス評価である。だが、ヒマにあかせて週刊誌を読み漁っているならともかく、どんな話題も立て板に水というわけにはいかない。知らないことは少なくないのだ。

そんなとき、どう対処すべきか。「知りません」と正直に言うのもいいが、正直がホメられるのは中学生まで。田中氏はこう返答すべきだったのだ。

「原監督も批判はいろいろあるようですが、私はプロ野球についてはくわしくないので何とも言えませんね」

プロ野球についてはくわしくない——という言い方は、他のスポーツにはくわしいというニュアンスになる。堂々と言えば、そのニュアンスはいっそう強くなる。これを《知らないウソ》といい、「こいつ、野球の話題も話せないのか」というマイナス評価はこれで防げるのだ。

自信がなくても「できます」と即答していい

「できるか？」

上司からこう問われたとき、あなたは何と返答するだろうか。めまぐるしく頭は回転する。

思考回路は二つ。

(「できる」と答えて、できなかったらどうしよう)

(「できない」と答えて、無能だと思われたらどうしよう)

行くも地獄、退くも地獄。どっちの返事をすべきか迷ったあげく、

「たぶん、できると思いますが……」

あるいは、

「やってみないと現段階では何とも……」

断定を避け、煮え切らない返事をすることで両方に保険をかけたつもりが、

「バカヤロー！」

頭上に上司のカミナリである。

上司の「できるか？」の真意は、結果ではなく、意気込みを訊いているのだ。このことがわからないと、的確な返答はできない。

こんな例がわかりやすいだろう。

野球で、二死満塁のピンチの場面。監督がゆっくりダッグアウトを出ると、マウンドに行って投手に尋ねる。

監督「どや、打ち取れるか？」

投手「投げてみないと現段階では何とも……」

即刻、二軍落ちだろう。

投げてみなければわからないことは、小学生だって承知している。監督は投手のファイトを期待して、「どや、打ち取れるか」と訊いているのだ。

「打ち取ってみせます」

「よし、まかせた」

カキーンとホームランを打たれた。

「すみません」

「しゃあない。勝負して打たれたんや」

監督は、この試合をもって二軍に落とすことはないだろう。これが上司の心理なのである。

「できるか？」

と上司から問われたら、

「できます」

迷わず言い切るがいい。

これが《返事のウソ》で、うまいくけば賞讃、失敗しても「その意気やよし」と上司は評価してくれるはずである。

「承知しました」

仕事ができる人間は、まず《返事のウソ》をついておいて、「できるかどうか」はあとで考える。

仕事ができない人間は逆で、まず「できるかどうか」を考える。

できそうもないと思えば、

「無理です」

自信がなければ、

「たぶん、できると思いますが」

結論が出なければ、

「来週まで返事を待ってください」

「何を待つんだ、バカ者！」

《返事のウソ》がつけない人間は、ビジネス社会では無能の烙印を押されるのだ。

ピシャリと言い切り、信用をつかむ

占い師として成功する人には、ひとつの共通点がある。

「断定力」である。

現実に即していえば《断定力のウソ》がつけるかどうか、一流と二流はここで決まるのだ。

「フーム、あなたは家庭的な問題を抱えていますね」

「そんなことないですよ。夫婦仲は円満ですし、子供ともうまくいってますから」

「おかしいな。そんなはずはないんだけど……」

「そんなはずないって言ったって、現実にうまくいってるんですよ」

「そうかもしれませんが、鑑定によると凶のはずなんだけど……」

「ちょっと、いい加減なこと言わないでくださいよ」

相談者は怒るだろう。

これは二流の占い師で、一流になるとこう言うのだ。

「そんなはずない？　バカな、鑑定三十年の私が断言するんですよ！」

　ピシャリと言い切る。

「で、でも……」

「いいですか、不幸になってから不幸と気づいたのでは遅いのです。不幸になる前に見抜いて対策を講じる――ここに占いの意味があるのです。違いますか？」

　言われてみればそのとおりで、相談者は占い師に全幅の信頼を置くことになる。これが《断定力のウソ》である。

　僧籍を得て気学はやめたが、私は占いの世界についてはよく知っている。そのときの経験から、《断定力のウソ》こそ一流の占い師に不可欠のものであると確信するわけである。

　すなわち《断定力のウソ》とは、相手を納得させる技術であり、相手が納得するということは、「信用を得る」ということでもあるのだ。だから、占い師に限らず、それぞれの分野で頭角を現す人は《断定力のウソ》を効果的に用いている。

　私の知人にベテランの幼稚園の先生がいる。あるとき彼女が、若い母親とこんな会話をしていた。

「うちの子は聞き分けがなくて困っているんですよ」

母親がこぼすと、

「いえ、あの子はわかってやっているんです。自主性があるということなんですね」

「そうでしょうか」

「もちろんです。私はこの職に就いて二十年ですよ。経験でわかります」

「そうですか、それならいいんですが」

母親の顔に喜色が浮かび、この先生にますます好意を抱いたことは一目瞭然であった。

「お母さんはね、みんな我が子のことをホメてほしいんですよ。それも、とってつけたようなホメ言葉でなく、確信を持ったホメ言葉で」

これが母親たちの信頼を得て、口コミとなり、幼稚園経営に大きくプラスするのだと、彼女は言うのだ。

ビジネスにおいても、何が何でも相手を納得させなければならない場面がある。

背水の陣だ。

そのときにこそ《断定力のウソ》は威力を発揮する。

「ホンネで商談してくださる方と聞き及んで参りました」

「いやいや、そうでもないですよ」

「いえ、こうしてご挨拶しただけでわかります。営業畑を歩いて十年。人を見る眼だけはあるつもりです」

こう言われて悪い気はしまい。「人を見る眼」に応えようとするのが人間心理で、相手は真摯な態度で商談をしてくれるだろう。

歯の浮くような、月並みなお世辞は逆効果。

ひとヒネリした《断定力のウソ》こそ、ビジネスマンにとって不可欠の技術でもあるのだ。

「無知」は演じてこそ実を生む

「知らないこと」を「知らない」と言ったのでは無知だとバカにされる――多くの人は、そう思い込んでいる。

だから知っているフリをする。

「サブプライム問題？　いやホント、困ったもんですな。かねがね私も危惧を抱いてはいたんですが。まさかここまでひどいとは」

「おっしゃるとおりです。ＦＲＢ議長はこの問題を軽く見すぎましたね。ＥＵの対応をどうご覧になりますか？」

「そうですねぇ。まっ、何というか……、困ったもんですな」

背中に冷や汗をかきながら笑ってごまかすが、相手はちゃんと無知を見抜いてハラの中で嘲笑している。

「知らないこと」は「知らない」でいいのだ。

いや、「知っていること」でも「知らない」と言ったほうが、対人関係において大いにプラスになるのだ。
たとえば、次の二つの会話を聞いて、あなたはどう感じるだろうか。
場所は銀座の高級クラブ。
まず、A子のテーブル。
客「ガソリンがまだまだ上がるらしいぜ」
A子「エエッ！　ホントですか？」
客「年末には二百円突破だってさ」
A子「やだァ。どうして？」
客「OPECが増産にノーと言ったらしいんだ。ウチの中東関係の連中がそう言っているんだ」
A子「困っちゃうわねェ。でも、どうしてノーなんですか？」
客「それはさ……」
話が弾み、〝教える立場〟の客はいい気分になって水割りもハイペースとなる。
一方、B子のテーブル。
客「ヨン様もいいけど、韓流ブームも終わったらしいね」

B子「そうですね」

客「………」

B子がこの話題を知っているとなれば、客はこれ以上、話すことがない。座はドッチラケで、客は早々に席を立つことになる。

すでにおわかりのように、B子は、

「えッ、韓流ブームが終わりですって？　まさか！」

と、無知を演ずるべきだったのである。

「ホントさ。だって……」

客は身を乗り出して語るだろう。

しかも、知っていることだから、

「でも、クォン・サンウの結婚なんか、ずいぶん騒がれたじゃないですか」

と、うまく話をリードすることもできる。これが《無知のウソ》なのである。

「いいか、努力に勝る才能なし。営業は足で仕事するんだ」

「足で、ですか？」

「そうだ。飛び込み営業だ。歩いて、歩いて、歩きまくるんだ」

「部長も、かつてはそうされましたか?」

「もちろんだ。私が新入社員のころは……」

思い出話を蕩々《とうとう》と語り、営業の何たるかを教えてくれるだろう。

《知らない↓教える↓疑似師弟関係》と、上司との人間関係は濃密になっていく。

ところが、

「いいか、努力に勝る才能なし。営業は足で仕事するんだ」

「そうですね」

上司は〝出鼻〟をくじかれ、不機嫌に黙りこくることになる。

「同感です」「おっしゃるとおりです」「そうなんですね」――という相槌は、ヨイショのつもりか、あるいは無能と思われたくないためだろうが、まったくの逆効果になってしまうのである。

「知っていること」を「知らない」と言って相手に花を持たせること――これが《無知のウソ》であり、人間関係の要諦のひとつでもあるのだ。

「共通項」という名の油田を掘り起こす

「そんなの、昨日入店したヘルプだってやってんじゃん」

売れっ子ホストのコージ君が、ヘルプたちと顔を見合わせてケタケタと笑った。

私がしたり顔で、心理学で言う「ミラーリング」の話をしたときのことだ。

ミラーリングとは、相手の仕草——たとえば足を組むとか、肩をすくめるとかを鏡のように返すことによって、相手の親近感を喚起できる、というもので、

「てことはさ、これを拡大解釈すれば〝類似性の動機づけ〟というやつになるんだね。つまり趣味や出身地など共通するものがあれば、客は親近感を抱くってわけ」

と、私がコージ君に心理学のウンチクを語ったところが、冒頭のケタケタが返ってきたというわけである。

ホストやホステスなど接客業は、初回のテーブルにつくと、まず客との「共通項」を

探す。心理学は知らずとも、経験則でそれがいかに有効であるか熟知しているからだ。楽しくなければ客は二度は来ない。勝負は初回がすべてなのだ。

「えッ、マジ？　オレも千葉出身じゃん！」

「アウトレット？　埼玉の？　なんだ、オレ、先週行ったばっかじゃん」

共通項はなんだっていい。客の趣味や出身地、血液型、職種、出身校、好きな食べ物、色、ブランド、旅行……などなど、石油発掘のときのボーリングよろしく、あっちこっち探りを入れつつ〝油田〟にちょっとでもかすれば、

「えッ、マジ？　オレと一緒じゃん！」

ここぞとばかり掘り進み、親近感を喚起するわけである。

実際、私たちも、同窓であるとか、出身地や住まいが同じ地域であるとか、ちょっとした共通項があるだけで、初対面にもかかわらず急に打ち解けたりすることは経験でよく知っている。

これが、先に述べた「類似性の動機づけ」だが、接客業――すなわち人間関係の機微に長《た》けたプロは、共通項がなければつくってしまうのだ。

「食べ物は何が好き？」

「カレーかしら」

「マジ？　一緒じゃん　欧風？　アジアン？」

「インド」

「ボクも。お店どこ？」

「赤坂のＡとか、渋谷のＢとか」

「えッ、マジ？　店でボクと会ってない？」

イケイケで〝油田〟を掘り続けていくのが《共通項のウソ》なのである。

これがもし、逆をやったら、相手はどう感じるだろうか。

たとえば上司と喫茶店に入る。

「コーヒー。キミは？」

「じゃ、ボクはバナナジュース」

シラ～とした空気が流れる。

「こう忙しいと、たまには温泉にでも浸かってゆっくりしたいもんだな」

「ボクはテニスがいいですね」

これもシラ～である。

「演歌はいいねぇ」

「やっぱりロックですよ」

主張すべきところはもちろんそうすべきだが、こだわる必要がなければ、そして相手と緊密な人間関係を築きたいのであれば、

「コーヒー。キミは?」

「私も」

「演歌はいいねぇ」

「日本人の心のふるさとですね」

と、《共通項のウソ》で対応するのが、賢い社会人なのである。

「ご存じのとおり」で機先を制する

「で、お宅、このこと知ってまっか？」

会話の途中で念押しされるのは気分のいいものではない。

「アメリカ大統領候補に、オバマいうんがおりまんねん。お宅、知ってまっか？」

頭にきてケツをまくるだろう。

あるいは、

「洞爺湖サミットで、二〇五〇年までに温室効果ガスの排出量を五〇パーセント削減するとの認識で一致しましたね。ご存じですか？」

くわしくは知らなくとも、こう問われるとムッとするはずだ。

親しい間柄ならともかく、ビジネス関係など仕事相手に念押しされるのは、見下されたようで屈辱ですらある。

だから「ご存じだと思いますが」と相手に〝前振り〟を入れられると、たとえ知らないことであっても大きく頷くことになる。

これが《周知のウソ》で、イエス、イエスと同意させつつ、交渉を有利に運ぶテクニックのひとつなのである。

「知ってのとおり、建築界は材料費の高騰で危機的状況ですわ」

相手が頷く。

「釈迦に説法になりますけど、日雇い禁止の法案が提出されたことで、産業分野を問わず人件費が大幅アップになりましたやろ?」

相手がさらに頷いたところで、

「予算の一割アップをお願いしますわ」

と持っていくのである。

「ご承知のように、着手時に半金をいただくのが業界の慣行ですが、今回は三分の一でけっこうです」

「そんな慣行があるんですか?」

とは訊かないもので、

(親切な人だな)

と相手は喜び、お互い気持ちよく仕事ができるというわけである。

第3章

部下を意のままに動かすウソ

あえて叱らず
〝根っこ〟を問いただす

建築関係で、暴走族あがりの若者を積極的に雇用する会社がある。

従業員十数名の零細企業だが、親方（社長）の木田真一氏（仮名）は三十代半ばと若い。がっしりとした体躯に日焼けした肌。パンチパーマの顔は精悍で、かつてバイクをブイブイいわせていたと聞けば、なるほどと頷《うなず》くことだろう。

木田氏が同棲を機に一念発起したのが、いまから十余年前。建築関係の会社に勤め、現場で汗を流し、三十歳の誕生日に念願の独立を果たした。いまは孫請けで〝人夫出し〟（労働者派遣）が中心だが、「いずれ現場を請け負うようになりたい」と木田氏は夢を語る。

族の連中を積極的に雇用するのは、「彼らに人生のチャンスをあたえてやりたい」という理由のほかに、若手の現場労働者確保が難しくなったいま、彼らは貴重な労働資源であるという現実的な理由もあった。

だが、勤勉とはほど遠い生活をしてきた連中だ。どうすればマジメに働かせることができるか、ずいぶん頭を悩ませたという。

木田氏が語る。

「現場仕事ですからね。無断欠勤されるとヤバイんで、そういうときはシメてたんですが、すぐ辞めていく。それに、怒鳴られてばかりいたんじゃ、彼らだってやる気はしないでしょうから、作業の効率が悪くなる。どうしらいいか悩んでいるとき、ある親方から、〝根っこ〟を叱ってみろって言われたんですよ」

たとえば、若い者が無断欠勤したとする。

「てめぇ、なんで休んだんだ！」

怒れば、

「遅くまで飲んで、寝過ごしたんスよ……」

「バカヤロー！　起きれねぇなら飲むんじゃねぇよ！」

と怒鳴ったところで、若い者にしてみれば、

（わかってるよ。オレだって早く帰ろうと思ったけど、ついつい……）

心のなかで、ブツブツ反論する。

つまり非を咎めても、若い者に「自分が悪かった」という反省は希薄なのだ。しかも、どんなに叱ってみたところで、無断欠勤をしたという事実は変わらない。失敗したことを叱りつけたのでは、事態はいささかも好転しないのである。だから〝根っこ〟を叱るのだ――と親方は木田氏に諭してくれたという。

たとえば無断欠勤した若い者に対して、

「おまえ、やる気があるのか？」

と迫る。

「なぜ休んだ」

ということは問わないで、「やる気」という〝根っこ〟を攻めるのだ。

「やる気があるのか？」

と問われれば、返事は「あります」「ありません」の二つしかない。そして十人が十人、「ありまず」と答えるのだと親方は本田氏に言った。なぜなら、やる気を問われて「ない」と答えるような人間は、とっくに職場からトンズラしているからである。

「やる気がある？　口だけなら何とでも言えるぜ」

「違います」

「どう違うんだ」

「休まないよう働きます」

「本当か」

「本当ス」

これが言質《げんち》となる。

部下や後輩がドジを踏んだら、「なぜだ！」と〝正直〟に叱ってはいけない。根っこを攻め、言い訳を封じ、言質を取ることによって意のままに従わせるのだ。これを《叱責のウソ》という。

ウソをカムフラージュする真っ向正論術

橋下《はしもと》徹・大阪府知事の言動は処世術の宝庫である。

大衆ウケを狙ったパフォーマンスに過ぎないと、冷ややかな論調もあるが、政界という伏魔殿に乗り込んで孤軍奮闘しているのだ。世論を味方につけなければたちまち潰されてしまうだろう。

大阪府民でない人間にとって、橋下知事が前言を撤回しようが翻意しようが関係ないことだが、処世術という観点からすれば、これが大いに参考になるのだ。

私が「さすが！」とうなったのは、橋下知事が暫定予算を組むにあたって『出産・子育て支援事業』の凍結を表明したときのことである。

「財政再建が第一。大阪府が転覆してしまっては元も子もない」

堂々と言ってのけた。

周知のように橋下知事は、「子供の笑顔」をキャッチフレーズに選挙を戦った。校庭の芝生化、保育施設の整備など出産子育て支援を中心とした十七の重点事業を掲げて圧勝。『出産・子育て支援事業』は、いわば〝橋下人気〟を支える重要な柱であったはずだ。

それを凍結――要するに「やらない」と言ったわけである。

「こらッ、ウソつき！」

「おのれ、道頓堀に落としてまうぞ！」

大阪府民から囂々《ごうごう》たる非難が起こって当然のはずだが、そうはならなかった。非難どころか〝公約違反〟にもかかわらず、橋下人気の圧倒的支持は続いたのである。

なぜか。

理由のひとつは、

「財政再建が第一。大阪府が転覆してしまっては元も子もない」

という〝錦の御旗〟にある。

この言葉は言外に、こう言っているのだ。

「私だって子供の笑顔が見たい。出産・子育ての支援がしたい。だが、いまそれをやって大阪府が転覆したらどうなるんですか。子供の笑顔どころか、府民こぞって泣き顔になってしまいます。それでもいいんですか！」

と突きつけられれば、

（なるほど橋下はんの言うとおりや。大阪が潰れてもうたら元も子もあらへん）

なんとなく納得してしまうのである。

実際、橋下知事の言うとおりで、彼はウソをついたわけではない。いまの大阪府の財政事情では無理ということなのだ。

それは正しい。

だが、この論理を応用すれば、《錦の御旗のウソ》になるのだ。

「給料アップの約束はたしかにした。しかし、いま給料をアップして会社が転覆してしまっては元も子もないぞ」

「私はスタンドプレーをしたわけではありません。チームワークは大事ですし、私もそれは承知しています。しかし、ライバル会社に横取りされたのでは元も子もないじゃないですか」

ひとヒネリして、「将来」という《錦の御旗のウソ》で部下のケツを叩くこともできる。

「苦労をかけるが、キミの将来のためじゃないか」

「高く跳び上がるには膝を屈することだ。イヤなこと、辛いこと、不平、不満のすべてに耐えた結果がバネとなるんだ」

家庭にあっては、

「そりゃ、オレだって家庭サービスをしたいさ。でも、安定した収入があっての家庭だろう？　会社、クビになってもいいのか」

「好きで叱っているんじゃない。おまえのことが可愛いから、お父さんは叱るんだ。それが親子じゃないか」

誰もが否定できないテーマをブチ上げておいて〝我田引水〟を図れば、

（なんだかヘンだけど、でも言われてみればそのとおりだよな）

と、相手や周囲は納得する。

自己正当化するウソなど、たやすいことであることを、橋下知事は教えてくれているのだ。

渋面をノリノリ顔にする「ものは言いよう」

私が主宰する空手道場で、小学生の男の子が組手稽古をしていて前歯を折った。

「館長、歯が……」

涙を浮かべ、折れた前歯を手のひらに乗せている。

高校や大学の、それも強豪の空手部であれば、前歯は残っている人間のほうが少ないくらいだが、小学生となると話は別だ。以前、中学生の前歯が欠けたときは、母親が驚いて私の自宅に〝事情〟を聞きに駆けつけたことがある。今度も親御さんにきちんと説明が必要だろう。そう思いながら、その子が手にした前歯を見ると、虫歯であった。

「永久歯じゃないのか？」

「うん」

しゃくりあげながら言う。

「じゃ、この歯、虫が喰ってグラグラしていたんだな？」

「うん」

「よかったな」

「……？」

「組手をしていて歯が折れたなんて、おまえ、カッコいいじゃないか。家に帰ったら、お父さんとお母さんに大威張りで教えてやれ」

「オッス！」

急に元気になった。

以後、この子は組手をしていて歯を折ったことが自慢になり、熱心に稽古をするようになっていくのである。これが《ものは言いようのウソ》で、ネガティブなものをポジティブに受け容れさせる言葉の技術をいうのだ。

こんな例はどうか。

中堅商社に勤める岡本新也君（仮名）に、大学の先輩から飲み会に出席するよう電話がかかってきた。後輩の就職祝いをやるのだという。

岡本君は気乗りしなかった。同じサークルの後輩ではあったが、そう親しいわけでもなく、それに仕事も忙しかったからだ。

「それが、ちょっと立て込んでまして……」

「予定が入ってるのか？」

「いえ、空いてはいるんですが」

「だったら三十分でも顔を出してやったらどうだ。人が喜ぶことは、してやったほうがいいんじゃないのか」

「わかりました」

人が喜ぶこと――このひとことで、岡本君は進んで出席することにしたのだった。

これがもし先輩が、

「気が乗らないだろうが、ひとつ頼むよ」

と言ったらどうだったか。

たとえ承諾したとしても、岡本君は渋々ながら出席することになる。つまり受動的な気持ちである。

ところが「人が喜ぶこと」と言われたことによって、

「自分の出席が後輩を喜ばすのだ」

という能動的な気持ちになる。

これは気分がいい。

だから岡本君は進んで出席する気になったというわけである。

先輩がそこまで意識して言ったのかどうか私にはわからない。だが「出席したくない」というネガティブな感情を、先輩は「人が喜ぶこと」という表現によってポジティブなものとして岡本君に受け容れさせた。これもまた《ものは言いようのウソ》なのである。

やっかいな用事を頼むときは、

「大変だろうが頼むよ」

と三拝九度するのではなく、

「引き受けてくれれば、みんながキミに感謝だね」

と言うべきなのだ。

そうすれば、相手は嫌々でなく、嬉々として引き受けてくれるはずである。

テーマを絞って部下を定点観察する

「このグズ野郎！」

上司に罵詈雑言を浴びせられて発奮する部下は希《まれ》で、

（ああそうかい、勝手にしゃがれ）

たいていハラの中で毒づく。

反対に、期待されるとそれに応えようとする。

これが人間心理だ。

ならば、部下を意のままに動かすには、期待をすればいいということになるが、「期待しているよ」とズバリ言ったのでは逆効果。

「何か魂胆があるんじゃないか？」

と疑念を抱くからである。

そこで《観察のウソ》という技法が登場する。

たとえば、

「おっ、床屋行ったのか？」

と、ひとこと声をかけてやればよい。すると部下は、上司が自分に注目してくれているということに感激し、グラリと気持ちが傾くのである。

だが現実問題として、部下のことをいちいち観察するヒマはない。そこで、我が手中にしたい部下を選び、ネクタイでもスーツでも髪型でも、ちょっとした変化が表れるテーマを決めておいて、それを観察するのだ。観察といっても、朝、出社時にチラリと見るだけで変化はわかる。いわば〝定点観察〟をするわけである。そして変化が表れるや、

「おっ、スーツ新調したな」

と部下に声をかければ、

（おっ、自分は目をかけられている、期待されている！）

と感激し、意のままに動くようになるという次第。《観察のウソ》とは、狙いすました〝偶然〟を演出し、部下を掌中にする技法のことをいうのだ。

発奮させるために持ち出す人物

自分に問うていただきたい。

「今度のプロジェクト、私はキミに期待しているよ」

と課長に言われるのと、

「今度のプロジェクト、社長がキミに期待しているよ」

と課長に言われるのと、どっちが心弾むだろうか？

後者だろう。

理由は二つある。

ひとつは、社長のおぼえめでたければ、自分にとってプラスになるという単純な意識。

もうひとつは、

（課長がオレをヨイショするのは、こんどのプロジェクトが失敗したら自分もヤバイからだ）

とウラ読みしてしまうため、課長の期待を素直には受け取れないからだ。

そして、部下のこのウラ読みこそ、中間管理職が上司と部下の板挟みになって苦しむ元凶なのである。

ＯＡ機器を専門とするＺリースが、ライバルＢ社が独占する建築会社に営業攻勢をかけることになった。責任者は、法人課の小宮山慎司課長(仮名)。小宮山課長は若手のファイトに期待して三名を選抜、リーダーに加納一郎君（仮名）を据えた。

「キミならやってくれるだろう。私は期待しているよ」

加納君を居酒屋へ誘い、小宮山課長は期待というプレッシャーをかけたのである。

ところが、一ヶ月がたっても進展がない。

「どうかね、状況は？」

「努力しております」

問えば、加納君はそう答えるが、小宮山課長の目には、彼ら三人が死にものぐるいで営業攻勢をかけているようには見えない。

さらに二週間がたっても状況は変わらず、ついに小宮山課長が怒った。

「どうなっているんだね。やる気があるのかないのか！」

「私たちも努力しているんです」

態度こそ低姿勢だが、不適格だと言うならメンバーを代えてくれ——と言外に居直ったのである。

小宮山課長は困った。リーダーは加納君だが、責任者は自分なのだ。そこを加納君は見透かしたというわけである。

中間管理職は、いわばサッカーチームの監督のようなもので、成績を残せなければ責任を問われてクビになる。選手もそこは心得ていて、監督がどんなに威張ってみせたところで、去就はオレたち次第——という思いがある。サラリーマン社会も同様で、いくら上司が笛を吹いたところで、部下が踊らなければ自分の立場が危うくなるのだ。

「責任を取らせるぞ！」

と脅してみたところで、中間管理職に人事権があるわけでもなし、部下は鼻で笑うだろう。

これが中間管理職の苦労なのである。

では、どうすべきか。

小宮山課長は、加納君をリーダーに据えたときにこう言うべきだったのだ。

「ここだけの話だけど、リーダーにキミを据えたと社長に報告したら、なんて言ったと思う？」

「な、なんでしょう」

「彼なら安心だ――そう言って笑ってたよ」

社長が本当にそう言ったかどうかはわからない。自分のケツを叩くため、小宮山課長が創作しているのかもしれない。だが加納君は、まさかそのことを社長に会って確かめることはできないのだ。

こんなとき人間は、無意識に自分に都合のいいほうを選択する。実際、社長が期待しているかもしれないし、成績を上げれば賞讃されることはわかっている。

「ベストをつくします」

加納君は奮《ふる》い立ったろう。

これが《期待のウソ》なのである。

「社長」を「クライアント」に置き換えてもよい。要は、部下や後輩、あるいはグループのメンバーが無条件で奮起する相手であれば、誰でもいいのだ。

ウソを白状させた相手は責めない

約束を違《たが》えられて怒るのは、〝ウソつき人間〟も同じである。

「テーブルのお金、あなたが盗《と》ったの？」

「ボクじゃないよ」

「ママ、怒らないから、本当のことを言ってちょうだい」

「絶対怒らない？」

「もちろんよ」

「ごめんなさい。ボクがとりました」

「ちょっと！　そんなことしていいと思ってるの！」

「おこらないって言ったじゃないか！」

「なに言ってるの！」

こめかみに青筋を立てるママを見て、

（約束が違うよ！　もう絶対にホントのことなんか言わないんだ）

自分がついたウソは棚に上げ、子供心に固く決意することだろう。

あるいは、こんな例はどうか。

「キミ、A社からリベートを取ったのか？」

上司が部下を問いただす。

「まさか」

言下に否定したが、落ち着かない態度を見て、上司は部下がウソをついているとニラんだ。

「それならいいが、社内調査がおこなわれるかもしれないんだ。もし事実があるのなら、いまのうちに言ってくれたまえ」

「………」

「心配するな、責めるつもりはないから」

「取りました」

「なにィ、取っただと！　貴様、どう責任取るつもりだ！」

「責めないとおっしゃったじゃないですか」

「バカモン！　それとこれとは問題が違うんだ！」

「そんな……」

部下は自分のウソは棚に上げ、

（このウソつき野郎が！　二度と本当のことなんか言うもんか）

と憎しみに燃えるだろう。

ウソは方便と言うけれど、相手のウソに対してウソをもって白状させたのでは、相手を〝永遠のウソつき〟にしてしまう。

これでは逆効果なのだ。

相手にウソを認めさせ、再発防止を図ることを目的とするなら、「怒らない」「責めない」というウソを、ウソのまま守ることが大事なのである。

A衆議院議員の秘書に、裏口入学斡旋の疑惑が取り沙汰されたときのことだ。議員秘書にとって、入学や就職の便宜を図るのは重要な仕事のひとつであり、余録でもあったが、最近はメディアがうるさいため、A代議士は自粛するよう秘書たちに厳命していた。

それなのに、秘書のQ氏が裏口入学の斡旋をしているというのだ。A代議士は問いただし、全面否定するQ秘書に穏やかな顔で語りかけた。

「キミの立場もよくわかっている。だから、そのことで責任は問わないし、怒らないから本当のことを言ってくれんか。これが表沙汰になると大変なことになる」

「先生、申しわけありませんでした」

「そうか、よく言ってくれた」

A代議士は頷きながら、

「ありがとう」

と〝感謝〟の言葉をかけたのである。

これにQ秘書は感激し、A代議への忠誠を心に誓うことになる。

「ウソじゃありません」というウソに対して、「責めるつもりはないから」というウソで応じ、そのウソを守ることで再発防止だけでなく、人心収攬をも図る。

これを《不問のウソ》といい、上に立つ人間には不可欠のウソであり、組織防衛のために積極的に用いるべきウソなのである。

自信を植えつける「伯楽のウソ」

スポーツの指導者はウソつきである。

いや、ウソをポジティブにつける指導者が〝名伯楽〟だと私は思っている。

たとえば、佐倉アスリート倶楽部代表の小出義男氏がそうだ。

周知のように小出氏は、有森裕子や高橋尚子など世界のトップランナーを育てたマラソン監督だが、その小出氏が有森によくこう言っていたという。

「どんな状態のときでも『せっかく』と思えばいいんだよ。そうすれば、すべてが力になる」

「せっかく故障したんだから、いましかできないことをやろう」

「せっかく神様が休めと言ってくれているんだから、しっかり休もう」

このときのことを有森は振り返って、

「『せっかく』というひとことをつけるだけで、本来はマイナスに思えることも、プラスに変えていけるんだということを教えていただきました」

と語っている。

さすが、小出氏はうまいことを言うではないか。

これがもし、

「故障？　しょうがないな、練習を休むしかないだろう」

渋い顔で言ったのでは、選手は鬱々とした気分になってしまい、落ち着いて故障を治してもいられないだろう。モチベーションも当然低下し、身体が回復してもメンタル面のダメージは残ってしまう。それでなくても選手は、故障したことであせっているのだから。

そこを見抜いて対処するところが、小出氏の非凡なところだ。

余談ながら、私は佐倉アスリート倶楽部がある佐倉市に住んでいることから、偶然、飲み屋で小出氏と一緒になったことがある。一杯機嫌の小出氏は清酒「八海山」を膝に抱えて、「飲み屋で隣に座ったホステスをパッと見て、口説けるかどうか見抜けないようなら、女子選手を育てることはできないね」――と私に語ってくれたが、このあたりの比喩が選手の能力を引き出す〝小出マジック〟かな、と感心したことがある。

その小出氏にして「せっかく故障したのだから」という価値観である。選手も「なるほど！」とポジティブに受けとめ、落ち込むこともない。「せっかく」は選手に自信を持たせる魔法の言葉であり、ポジティブな〝ウソつき〟が名伯楽だという意味がおわかりいただけるだろう。これが《伯楽のウソ》なのである。

ビジネス社会も同じことだ。部下や後輩にいかに自信を持たせ、持てる能力を最大限発揮させるか――ここで〝伯楽〟たる上司や先輩の能力は決まるのだ。

「大丈夫だ。キミならできる」

という励ましは、自信を持たせるときの常套句だが、これで相手が自信を持つだろうか？

ノーである。

なぜなら「大丈夫だ」「できる」は言葉が上すべりしているだけで、「なぜ大丈夫なのか」という根拠が明確でないからだ。これでは自信が腹の底からムクムク、というわけにはいかない。

そこで、小出氏の「せっかく」に相当する心理的なウソ――すなわち《伯楽のウソ》が必要になる。〝大丈夫〟の根拠をさりげなく示してやるのだ。

「キミはこれまで何度も修羅場を潜《くぐ》ってきてるじゃないか。その経験があれば大丈夫。

キミならできるさ」

「キミは、キミが思っている以上に優秀なんだ。キミならできる」

一例だが、相手に応じて「大丈夫の根拠」をひとことつけ加えてやることによって、

（そうだ、案ずることはない。俺にはできるんだ）

と自信を持つのである。

たったひとことと言うなかれ。不安を抱いている人間は神経をとがらせているため、何気ないひとことで、動揺もすれば自信も持つものなのである。

自信を持てば実力を存分に発揮する。

いや、自信は時に実力以上の好結果をもたらす。そのために上司や先輩、リーダーという伯楽がいるのだ。

奢る理由を明確に伝えて感激させる

奢れば喜ぶと思ったら大間違いだ。

ことに若手社員は、上司や先輩から酒席に誘われるのを好まない。

もちろん人にも職種にもよるが、そういう傾向にあるのは現場を知る読者諸賢がよく知るところだろう。説教など鬱陶しい限りだし、まして愚痴など聞く義理はない、というわけで、プライベートタイムにまで会社の人間関係を持ち込みたくないというのが、若手社員の本音なのだ。

ならば若手など放っておけばよさそうなものだが、そうはいかない。

誘わなければ誘わないで、

「課長、ケチなんだよねぇ」

「家のローンがきついんじゃないの」

と陰口を叩かれる。

誘えば迷惑がられ、誘わなければ陰口。行くも地獄、退くも地獄——となれば、どう対処すればいいか。

私にこんな経験がある。

打ち合わせと称して、編集者から電話がかかってくる。

「お世話さまです。来週あたり、お時間ありませんか？　もう少し内容を詰めたいと思ってるんですが」

うまいものでも喰って、一杯やろうというわけだ。

せっかくのお誘いだが、二年前に僧籍を得たのを機に酒を断った私は気乗りがしない。酒を断つまでは昼夜を問わず、ヒマさえあれば編集者を呼び出して一杯やっていたのだから身勝手なものだ。そんなわけで、たいてい先延ばしにし、そのうち〝お流れ〟というケースが少なくないのである。

ところが、某社の編集者から掛かってきた電話は別だった。

「おかげさまで本の売れ行きも好調です。ぜひお礼を言いたく、お食事でもと考えておりますが、来週あたり、ご都合はいかがでしょうか」

ぜひお礼を言いたく——このひとことで、

(それなら)

と、うれしくなったのである。

ここなのだ。

同じ奢るにしても、

「たまには飲みにいこうか」

と、漠然と誘って喜ぶのは飲み代にも事欠く学生だけで、社会人ともなれば、

(つき合ってやる)

という気持ちになる。

部下や後輩の笑顔は儀礼上のもので、断るのは悪いと思うから、仕方なくつき合うのだ。これでは、せっかく奢っても、ムダ金どころか、疎まれるだけマイナスになってしまう。

ところが、

「よく頑張ってるね。キミを慰労したいんだが、今夜は先約があるかい?」

こう言って誘ったらどうか。

喜ぶ。

（オレを評価してくれている）

ということに対して喜ぶのだ。

しかも、わざわざ一席もうけてくれるとなれば、誰しも喜色を浮かべて「はい！」と返事をするだろう。

これが、奢って心底感謝されるためのウソで、《慰労のウソ》というのだ。

このウソは、誘えば迷惑がられ、誘わなければ陰口——という難題を解決するだけでなく、部下や後輩を感激させ、さらなるヤル気を引き出し、人望も呼び込む。《慰労のウソ》は、まさに一石四鳥のウソなのである。

ホンネは不安でも即決、断言せよ

トップは迷ってはいけない。

これが組織の鉄則だ。

脳科学者の茂木健一郎氏が、テレビでこんなことを話していた。

「部下はトップの不安を感じると、不安が勝る」

つまり人間は、自信と不安は等量であるため、トップの不安を嗅ぎ取ると部下の気持ちが不安に傾く――たしかそんな話だったと記憶している。

「社長、我が社の経営は大丈夫ですか？」

「それが、何と言っていいのか……」

目を伏せ、蚊の鳴くような声で社長が言ったら社員はパニックだが、

「大丈夫？　バカなこと言ってるんじゃないよ。来年以降、我が社は前途洋々だ。ガッハハハ」

これなら社員も安心するだろう。

あるいは、

「課長、Ａ社からクレームです！　どう対応しましょう！」

「ど、どうと訊かれても……」

青い顔して浮き足立てば部下も不安になるが、

「わかった。なんとかしよう」

内心は不安でも、毅然と言えば部下は安堵するだろう。クレームという事実が変わらない以上、部下の不安をいたずらにあおるのは決して得策ではないのである。

会社に限らず、家庭においてもそうだ。

「あなた、娘が受験に失敗したわよ！」

「困ったな、どうしよう……」

パパがオロオロすれば妻子も不安になって、

「あたし、死んじゃう！」

娘も絶望するだろう。

ここは、

「心配するな」

対応策がなくても、きっぱりと断言することが大事なのだ。

以上のことから、会社トップはもちろん、上司や先輩、グループリーダーなど上に立つ者は、状況によっては、毅然としたウソが求められるということであり、これを《断言のウソ》という。

これは私がいつも言うことなのだが、上に立つ人間に《断言のウソ》は不可欠の資質でもある。

「どの山に登りますか?」

と問われたら、

「あの山だ!」

と即座に指差さなければならない。

「あっちもいいし、こっちもいいしなあ……」

これでは部下に迷いが生じ、士気にかかわってくる。

そして、「あの山」と断言し、それが間違いだと気づけば、

「止まれ!　状況が変わった。あっちの山をめざせ!」

これまた《断言のウソ》で軌道修正を図ればいいのである。要は、いかに迷いを悟ら

れないか――この一点が大事なのである。

とはいえ、断言しようにも判断に迷うことは当然ある。突発的なアクシデントや、不意に指示を求められたときなど、即答できない場合は少なくない。

「そんなこと急に言われても……。返事は明日まで待ってよ」

と言いたいのがホンネだが、これは最悪。上司の躊躇に部下は不安を覚えるのだ。

ここは、断を下すまでの「時間」について《断言のウソ》を用いる。

「よし、わかった。明日まで待て」

「よし、わかった。三日待て」

毅然と言い放つことによって、部下に不安をあたえずして、考える時間が稼げるというわけである。

第4章

誉めるウソ・叱るウソ

苦言のあとだから効く甘言

「おまえのようなバカは見たことがない！」

ガツンと怒鳴っておいて、

「だけど、いいヤツだな」

とホメて説教を締めくくれば、相手に恨みは残らない。むしろ好感を抱くだろう。

逆はどうか。

「おまえはいいヤツだな」

ホメておいて、

「おまえのようなバカは見たことがない！」

とやったのでは、頭にカチンだろう。

あるいは、

「部長の無理難題にはいつも頭を抱えています。でも、私は部長が好きです」

「私は部長が好きです。でも、部長の無理難題にはいつも頭を抱えています」

同じことを言っても、言葉の並べ方によって相手の受けとめ方は正反対になる。これを《並べ方のウソ》という。

「あなたは優秀だ。でも、あなたの押しの強さには正直、腹も立ちましたよ」

こう言ったのでは、交渉相手は不快に感じるだろうが、

「あなたの押しの強さには正直、腹も立ちましたよ。でも、あなたは優秀だ」

と言えば、相手は好感を抱き、よきパートナーになっていくだろう。

部下の不始末、同僚の身勝手、上司の横暴など、とかく会社は棲みにくいもので、カッとして思わず相手を非難してしまうことがある。口に出した言葉は、あとでいくら否定しても決して取り消すことはできず、人間関係にヒビが入ってしまうだろう。

そんなときに《並べ方のウソ》を用いればよい。カッとして非難したあとで、「でも、好きだよ」といったひとことをつけ加えればいいのだ。

ところが多くの人は、「とってつけたようなウソ」として躊躇する。

そうではなく、「とってつけたようなウソ」であるほうが、むしろ効果絶大であることを《並べ方のウソ》は教えているのだ。

ネガティブな性格要素を否定する誉め言葉

誉めて人を動かす方法には二つある。

ひとつはストレートなヨイショ。

「おっ、さすが!」

「仕事が早いねぇ」

「部長の下で働けて感激です」

凧《たこ》を揚げる要領で、キュッキュッと〝お世辞の糸〟で引っ張ることから、これを《凧揚げのウソ》という。

もうひとつは、

(そうなるとイヤだな)

というネガティブなことを逆手《さかて》に取ってヨイショする方法だ。

「キミは雑用を押しつけられても、イヤな顔ひとつしないんだね」

「キミの笑顔を見ると、ほっとするよ」

「部長が部下の批判をするのを聞いたことがありませんね」

不平、不満、悪口、つっけんどんな態度……などなど、イヤなことを先手に取って封じ、相手を我が掌中にする方法で、こっちを《逆手のウソ》という。つまり、ネガティブなものを引き合いに出し、それを否定することで、人格を言外に誉める技術である。

言外というのが〝人格ヨイショ〟のポイントで、

「あなたは素晴らしい人だ」

と直截に言ったのでは、

（何か魂胆でもあるのか？）

と逆作用が及ぶこともある。いい大人が、そんな子供騙しのようなヨイショで舞い上がるはずがない。

ところが、「あなたはイヤな人間ではない」というヨイショには飛びつく。なぜなら、「イヤな人間でありたくない」という願望が潜在的にあるので、大方の人はこの場合、あえてネガティブには受け取らないものなのである。

「キミの笑顔を見ると、ほっとするよ」

と言われれば、一日中でも笑顔でいるだろう。

それが人間心理なのである。

そして――じつは、ここが眼目なのだが――《逆手のウソ》をついていると、無意識に自分もそうあろうとするようになる。

「イヤな顔をしないんだね」

「不満を聞いたことがないね」

「悪口を言わないね」

それがそっくり自分への戒めとなり、人間関係がこれまで以上に良好になっていく。

《逆手のウソ》は、相手を掌中で転がすだけでなく、自分の人格をも向上させるということにおいて、一石二鳥のウソなのである。

あとづけの賞讃でじゅうぶん役に立つ

作家のＡ氏が賞を取ったときのことである。

かつてＡ氏が売れない時代、アルバイトをしていた飲食店の経営者が電話をかけてきて、こう言った。

「おめでとう。かならず世に出ると信じていたよ」

このひとことに涙が出るほど感激したと、当のＡ氏が語る。

「だって、そうでしょう。この人は、ずっと僕のことを期待し続けてくれたんですよ。そこまで情のある人だったとは……」

目をウルウルさせて言うのだった。

それもこれも、「世に出ると信じていた」というひとことのせいである。

信じていた――とは、いい、

「私はあなたが世に出ることを、ずっと信じ続けていました」

と言外に言っているのである。

これはA氏も感激するだろう。

だが、うがった見方をすれば、この飲食店経営者が本当にずっと信じ続けていたかどうかはわからないのだ。わからないが、おめでたいことのあとで「信じ続けていました」と言われれば、やはりうれしくなってくるのが人情というものだろう。

これが《あとづけのウソ》なのである。

「よくやった。キミのことだ。いつかやってくれると信じていたよ」

部下が手柄を立てたとき、上司がこう言ってねぎらえば、

(口うるさい上司だけど、私のことをずっと思ってくれていたんだ……)

部下は感激してウルウルになるだろう。

「黙ってたけど、キミならやれると信じていたよ」

「いつか、おめでとうを言える日がくるとずっと願い続けてきたよ」

相手を感激させ、自分も感謝される。両者ともハッピーになるのだから《あとづけのウソ》は人間関係の潤滑油。大いに許されるものなのである。

人づての賞讃を伝える

誉める、叱る――これが指導の要諦である。

私は空手道場でも注意する前にまず誉める。

「おっ、ずいぶん突きが早くなったな。腰を落とすと、もっと早くなるぞ」

弟子は――子供と大人とを問わず、腰を落とそうと努力する。

あるいは仕事。

「えっ？　もう企画書ができたのかい？」

「徹夜しました」

「それはご苦労さん。さすが優秀な企画マンは違うね。ついでにプレゼンの日程を早く詰めてくれると助かるんだけどな」

ヨイショしてから注文をつける。プレゼンが早まる可能性は増すだろう。

すなわち「誉めてから叱る」やり方だが、よくよく考えてみれば、これは「叱る技術」なのだ。ここでの「誉める」は、「叱ること」「注文をつけること」を目的とした形ばかりの〝アテ馬〟に過ぎないのである。

これでは足りない。

なぜなら、「誉める」という前提がしっかりしていなければ、「叱る」という目的は達せられないからである。「叱る技術」は「誉める技術」のことであり、指導力とは誉め方の巧拙をいうのである。

そして——これが何より大事なことだが——誉める技術に秀《ひい》でれば、人間関係において主導権を握ることができる。なぜなら、「誉める」は「評価」の結果であり、評価する側がつねに主導権を有するからだ。以上のことから、ビジネス社会において「誉める技術」はお世辞とは違い、重要なスキルのひとつなのである。

では、具体的にどうやるか。

参考になるのは銀座クラブの、それも一流ホステスである。

私はたいてい作務衣に陣羽織で外出するのだが、その夜、編集者に誘われ、銀座に出かけた。初めての店で、私の席についたのがナンバーワンの美咲ちゃん（仮名）である。三十前後か。黒いドレスを着ていたが、面長で、おっとりとし物腰から、むしろ和服が似合いそうだった。

その美咲ちゃんが、私の作務衣を見て、

「おしゃれだと言われませんか？」

と訊いてきたのである。

これに私はすっかり気分をよくした。「おしゃれですね」という言い方ならば相手の主観であり、お世辞だろうと割り引いて受け取るが、「言われませんか？」という表現は客観評価であるからだ。

「どうして？」

私が訊く。

「柄が上品で……」

私はますます気をよくし、店は売上を伸ばすことになる。

ここで留意すべきは、美咲ちゃんは控えめにしてはいるが、彼女のペースで会話は弾み、席は盛り上がっているということだ。すなわち美咲ちゃんの〝手のひら〟で私は踊っていたという次第。むろんそのときはそうと気づかず、帰宅して湯船に浸かりながら反芻していて、「あっ、そうか！」と納得したのである。

「おっ、突きが早くなったって言われないか？」

道場で、私はこう言って誉めるべきなのだ。

「優秀な企画マンだって、どこへ行っても言われるだろう？」

上司はこう言ってヨイショすべきなのだ。

これを《客観評価のウソ》といい、「誉める技術」の要諦なのである。

「仕事が早い人だと言われませんか？」

「責任感が強い人だと言われませんか？」

「親分肌だと言われませんか？」

《客観評価のウソ》がつける人を「人間関係の達人」と世間では言うのだ。

身近な相手に効く「このごろ変わったね」

旧知の女性に、お世辞を言って喜ばせるのは難しい。

「おっ、きれいなったね」

「昔からきれいだわよ」

馴染みのホステスなら憎まれ口を叩くだろうし、古女房ならジロリとにらんで、

「どうせ、あたしゃ太ってますよ」

と毒づくことだろう。

それがお世辞であれ、下心があれ、あるいは本心であれ、「伝える技術」が拙劣であるため、曲解されてしまうのである。

女心に長《た》けたホストの誠司クンは、そんなドジは踏まない。

「このごろ変わったね」

そんな言葉をポツリと投げかける。

「あら、そう?」

何が変わったのか客は頭をめぐらせる。態度か、服装か、雰囲気か……。いいほうに変わったとは限らないから、少しばかり緊張しながら誠司クンの言葉を待つ。

「お世辞と思われるのヤだけど、きれいになったな、って」

「あら」

客の顔がパッと輝く。「昔からきれいだわよ」などという軽口は間違っても言わないそうである。

「常連サンは狎《な》れちゃってますからね。ヘタなお世辞は通用しないんスよ。だから、見慣れているということを逆手に取って、〝変わったね〟で気を引くってわけ」

会社など、毎日のように顔をつき合わせる人間関係においても、相手をホメる場合は、この「変わったね」を枕に振ることによって真摯な気持ちが伝わる。ストレートにホメてしまうと、軽口を叩かれたり、何か魂胆があるのかと曲解されたりするからである。

「課長、このごろ変わられましたね」

「そうかな」

「ええ、颯爽としてらっしゃいます」

課長はニッコリとするだろう。

「キミ、このごろ変わったな」

「そうですか」

「颯爽としてるじゃないか」

これでいいのだ。

もしダメを押したければ、こうつけ加えればよい。

「男子三日会わざれば刮目《かつもく》して見よ――というが、まさに至言だな」

これが《刮目のウソ》なのである。

自尊心をくすぐりながら叱る

部下であれ後輩であれ、叱責しなければならないときがある。

組織のため、というきれいごとだけでなく、自分が伸《の》していくには下の人間に全力を出し切らせなければならない。

これが現実だ。

だが怒鳴るのは簡単だが、誰にも自尊心と言い分がある以上、素直に反省させるのは至難のワザである。そこで、いかに反感や恨みを買わずして叱責し、意のままに従わせるか——ということが重要になってくる。

そんなことを考えていた十三年前のこと。オウム真理教による地下鉄サリン事件が起こるのだが、このとき私が疑問を抱いたのは、オウム真理教ではステージ（階級）上位の信者が下位の信者より肉体的に苦しい修行をしているということだった。会社やスポーツの部活動を見ればわかるように、一般的に組織は〝上楽下苦〟で、ステップアップするにしたがって楽になる。

ところが、オウム真理教は逆なのだ。当時、すでに週刊誌記者の足を洗っていた私は、オウム事件を追う旧知のジャーナリストに疑問を口にすると、彼は次のような解説をしてくれた。

オウム真理教の修行は段階的に、アーサナ（体位法）やプラーナーヤーマ（調気法）による瞑想、マントラ（真言）を唱える、断食、独房修行、イニシエーションなどが設けられている。ステージを上げた信者に対しては極限の修行や高額布施をさせるが、「自分はステージが上がったからこそ、このつらい修行をさせてもらえるのだ」と光栄に思うため、不満が出ない――とジャーナリストは言った。

なるほど、である。

さっそく当時、私は空手道場で有段者に対して、この手法を試してみた。

黒帯の連中をヘトヘトになるまでシゴいておいて、

「なんだ、そのザマは！　黒帯だからこそ、つらい稽古をさせているんだ！」

と怒鳴りつけたところが、みんな目の色が変わり、落伍しないよう必死で稽古に喰らいついてきたのである。以後、この手法を私は《上位者のウソ》と名づけ、稽古や仕事などいろんな場面で用い、効果をあげている。

部下や後輩を叱責するときは、思い切りガツンとやっておいて、

「キミだから叱ったんだ」

とフォローすればよい。

きついノルマに反発すれば、

「キミだから、あえてきついノルマを課したんじゃないか。まさか、それがわからないキミじゃあるまい」

部下や後輩は、この言葉に自分に対する期待感をひしひしと感じ、それに応えるべく奮起することだろう。

反対に上司に対しては、要望や注文、思いのたけをぶつけておいて、

「僭越ながら、部長なら聞く耳をお持ちだと思い、あえて申し上げました」

とフォローすれば、上司は悪い気はしないものである。

苦《にが》い言葉を納得させ、いかにやる気に転化させるか。あるいは直訴して、それを聞き届けるだけでなく、自己評価につなげていくか。ビジネスマンとして、これも重要なスキルのひとつなのである。

目上の相手は「比較」で誉める

尊敬する上司がいるとする。

あるいは、取引先のしかるべき立場の人であってもかまない。

その人に尊敬の念をどう伝えるか。

これはビジネスマンにとって重要なことで、ひとつには単純にコミュニケーション技術の問題として、もうひとつは、尊敬する相手に思いがじゅうぶん伝わることによって、有形無形の恩恵にあずかることが期待できるからである。

「部長、私は部長の統率力を尊敬しております」

「そうかね」

あるいは取引先で、

「私は、社長の決断の早さを尊敬しております」

「ウム」

ストレートに告げれば、ストレートな返事が返ってくるだけで、感動はおろかニコリともしないだろう。単純なヨイショで喜ぶほど、彼らは甘くはないのだ。いや、むしろヨイショは失礼と言っていいだろう。

たとえば私が、若手選手に沖縄空手の原点について話したところ、

「よくご存じですね。尊敬します」

とホメてくれて鼻白んだことがある。

若手は素直な気持ちからそう言ったのだろうが、私にしてみれば、

(キミごときにホメてもらう必要はない)

という思いである。

プロ野球のピッチャーに対して、

「球のキレがすごいですね」

とホメるようなもので、

(素人《トーシロ》がとぼけたこと言ってんじゃねぇ)

腹立たしくなってくるだろう。

ところが、ピッチャーにこう言ったらどうか。

「すごいなァ。このあいだA投手が投げるのを見ましたが、それにくらべて迫力がケタ

違いですね」

「そうかい」

ニッコリして胸襟を開いてくれるだろう。

球が速いとか、キレがあるとかではなく、「Ａ投手よりすごい」という比較のホメ言葉に喜ぶのだ。

私の場合も同様で、

「このあいだ××師範に話をうかがったんですが、向谷館長のほうが、はるかに造詣が深いですね」

こう言ってヨイショしてくれれば、私もニッコリ。お茶にでも誘ったことだろう。

これが、思いを伝える技術であり、《感嘆のウソ》ともいう。

「Ｑ社のＺ会長の話術はなかなかの評判ですが、いまこうして社長のお話をうかがっていると、僭越ではございますが、簡潔でわかりやすく、Ｚ会長よりはるかに素晴らしいと敬服いたしております」

「いやいや、Ｚ会長もたいしたもんだけどね、アッハハハ」

同格とされる人間を引き合いに出してホメれば、機嫌はすこぶるよくなるだろう。

ホメる――という行為は、上が下に対しておこなうものであり、当然ながら上に立てば立つほどホメられることが少なくなっていく。人間は生来、ホメられたがりなのだが、「ホメる＝評価」である以上、下が上を評価するわけにはいかないし、それをやってホメたのでは、前述のように喜ぶどころか腹立たしくなってしまう。だから同格の人間を引き合いに出し、比較でホメるのである。

上が下を比較してジャッジするのは「評価」だが、下が上を比較してジャッジした結果は「人望」と呼ばれるのだ。「人望＝人格」であり、上に立つ人間にとって人望にまさるホメ言葉はないというわけである。

これが《感嘆のウソ》という実戦心理術であり、思いをきちんと相手に伝えるコミュニケーション技術なのだ。

お世辞を言うなら一点突破で掘り下げろ

感動は「ホメ言葉の量」に反比例する。

ところが、このことに気づく人は意外に少ない。

たとえば、馴染みの飲食店でこんな光景を目にしたことがある。

「ママさん、この煮物おいしいねぇ。刺身もいけるし、焼き魚も天麩羅もうまいし。おっ、このお新香、絶品だ！」

四十代半ばの、一見《いちげん》の紳士が感嘆の声をあげ、出てくる品々を片っ端からホメちぎったのである。

「そうですかァ、オホホホ」

と、ママさんも最初はうれしそうな顔をしていたが、次第に笑顔は消えていって、最後は不機嫌な顔になってしまった。

「本当においしいと思ってくれたのかもしれないけどさ、一から十まで〝うまい、うまい〟じゃ、あたしだってシラケちゃうわよ」

ママさんは客が帰ったあとで、そう毒づいていた。これが、感動は「ホメ言葉の量」に反比例する――という実例である。

人間も同様で、

「キミは責任感が強いねぇ。仕事も早いし、人望もあるし、性格も明るくおおらかで不満を口にすることもない。イヤなことは率先して引き受けてくれるし、キミは本当に素晴らしい。我が課の、いや我が社の鑑《かがみ》、サラリーマンの鑑だ」

上司にペラペラと立て板に水でホメられたら、どんな気分になるだろう。

(こいつ、アホちゃうか)

と、上司が軽薄に見えるだろう。

ホメるなら一点に絞り、それにこだわり、とことん深化させることだ。

「ママさん、この煮物、おいしいねぇ」

「ありがとう」

「煮物は難しいんだってね」

「そうねぇ。煮詰まるとしょっぱくなるし」

「つまり、おいしい煮物は気配りでつくるってことかな。鈍感な女性じゃ、煮物は無理だね」

「そんなこともないでしょうけど」

ママの類が目一杯弛《ゆる》んだところで、

「煮物で料理の腕前がわかるっていうけど、どうりで他の料理もうまいはずだ」

こういうホメ方を《一点突破のウソ》というのだ。ホメる対象を一点に絞り、それにトコトンこだわれば、相手はお世辞とは思わない。だから素直にうれしくなるのだ。

職場の人間関係も同じで、「キミは責任感が強いねぇ」と一点をヨイショし、

「責任感の強さはどこからくるんだろう。キミはどんな青春時代を過ごしたんだろうね」

どんどん深化させておいて、

「なるほど。性格が明るいのも、人望があるのも当然だね」

と軽くフォローすればよい。

お世辞を言うなら《一点突破のウソ》。ペラペラとヨイショするのは厳に慎むことが肝要なのである。

やる気にさせたければ、仕事の前に誉めておく

故田中角栄首相の人心収攬術は、伝説として語り継がれている。料亭の下足番にまで声をかけてねぎらい、心づけを渡した。

「あの先生はいい人だ」

と、評判は〝下の者〟から立つからである。

あるいは政敵であっても葬儀には花を贈り、礼をつくすなど彼の気配りは枚挙にいとまがなく、この気配りが人徳となって最強の〝田中軍団〟をつくりあげたのである。

すなわち、数人のグループから百人、千人を超える大集団まで、組織力はリーダーの人心収攬術に比例するのだ。

たとえば、川添慎一課長（仮名）が率いるA広告営業部がそうだ。大手代理店から優良クライアントをかっさらうなど、〝川添軍団〟は業界注目の的になっているが、軍団

統率の秘訣は川添課長の人心収攬術にある。

「キミは仕事が早いからな」「キミの信用は財産だよ」「キミはいつも笑顔だな」「キミの手に掛かるといつも逆転勝利だね」「キミの時間の正確さには脱帽だよ」――と、部下をホメるのだが、注意して聞いていると、仕事の結果が出たときではなく、これから着手するときにホメているのだ。

仕事にかかる前に、

「キミは仕事が早いからな」

と言ってホメられれば、部下は早く片づけようと努力する。

「時間の正確さに脱帽だ」

と言ってホメられれば、約束の時間の十分前には待ち合わせ場所に行くだろう。

「キミの手に掛かるといつも逆転勝利だね」

と言ってホメられれば、期待に応えるべく必死で努力するだろう。事前のホメ言葉が〝軍団〟のやる気を引き出すプレッシャーになっているのである。

ケツを叩けば部下は反発する。反発すれば組織のポテンシャルは落ちる。ポテンシャルが落ちれば営業成績も上がらず、部下もやる気をなくしていくという〝負のスパイラル〟に陥ってしまう。

ところが川添課長はケツを叩くことなく、ホメ言葉をプレッシャーとしてうまく活用することで人心を収攬し、強力な軍団をつくりあげたのである。

これが《人心収攬のウソ》で、私にもこんな経験がある。

「じゃ、前祝いといきましょうか」

書き出す前に編集者から一席もうけられ、「大ヒット間違いなし」とニコニコ笑顔でヨイショされると、プレッシャーがずっしりという次第。

すなわちプレッシャーとは、かけるものではなく、相手に感じさせるものであり、《人心収攬のウソ》は、その一法であるということなのだ。

第5章

苦境に威力を発揮するウソ

「すり替え」のウソで窮地を切り抜ける

誰もが成功するとは限らないが、失敗はかならずする。

これがビジネス社会だ。

言い換えれば、失敗したときにどう対処するか——ここで将来の明暗が分かれることになる。

三流ビジネスマンは、いかにすれば失敗を頬《ほ》っかむりできるかを考え、二流は言い訳を考える。

だからうまくいかない。

なぜなら、両者は失敗に対して《受け》のスタンスでいるからだ。どんなに知恵を絞ってみたところで、受け手でいる限り事態の打開はできないのである。打開どころか、へタすりゃ〝火に油〟。激高した上司に「無能の烙印」を押されることにもなりかねない。

一流ビジネスマンは違う。

決して《受け》にはまわらない。〝失敗の本質〟をすり替えることで《攻め》のスタンスに立ち、事態を切り抜け、一件落着に持っていくのだ。

ヒントは、たとえばイージス艦『あたご』『あたご』の漁船衝突事故にある。

衝突当初、世論の非難は『あたご』の操船に向けられた。見張りの体制がどうであったか、艦長はそのときどうしていたか、衝突後の救助はどうであったか、航路の問題点、法律的に見て両船のどちらに非があったのか……。

ところが、周知のように、やがて石破大臣への報告が遅れたことによる危機管理、さらに防衛省の隠蔽体質などがやり玉にあがっていった。衝突事故の本質の第一義は「衝突の原因と再発防止」にあるにもかかわらず、「危機管理」「隠蔽体質」に論点がすり替えられ、政争の具にされ、やがて〝本質〟はヤブのなかに隠れて見えなくなっていったのである。これを《すり替えのウソ》という。

さて、これをビジネスマンの立場に置き換えたらどうなるか。

たとえば、お得意をライバル会社に取られたとする。

ヤバイ。

上司にどう報告するか。

三流ビジネスマンは、胸をドキドキさせながら事態が発覚するまで頬っかむりし、バレた段階でひたすら〝米つきバッタ〟になる。二流は「担当者が代わりまして……」「値引きで負けまして……」と、あれやこれやと言い訳を並べ、その頭上に上司のカミナリが落ちる。

一流は、上司にこう報告するのだ。

「私のミスで得意先を取られてしまいました。しかし、もっと悪いのは、このことをすぐに部長にご報告しなかったことです。組織のイロハを怠りました。申しわけありませんでした」

「得意先を取られた」という失敗を、「報告が遅れた」というミスにすり替えるのである。

「得意先を取られた」という失敗は、取り返さない限り一件落着とはならないが、「報告が遅れた」というミスであれば、

「次から遅れないようにする」

ということで落着させることができる。

防衛省の「危機管理体制の一層の強化を図る」という表明も、結果として同様の効果

をもたらしている。ここに「ミスのすり替え」という〝ウソの本質〟があるのだ。

応用はいくらでもきく。

「ゴメン、浮気したボクが悪い。でも、もっと悪いのは、そのことをキミに隠し続けてきたことだ」

「遅刻した私に責任があります。なぜ途中で電話一本入れられなかったのかと、そのことを悔やんでおります」

唇を噛み、視線を落とし、ときに相手をまっすぐ見て言えば、なんとか事態は乗り切れるのである。

騙すのではない。

《すり替えのウソ》で失敗の本質をちょこっとずらすことによってダメージを最小限に抑え、次回のチャンスにつなげていくのである。

みずからラッパを吹けば敗者復活は可能

「闘う政治家として、再び全力をつくします！」

地元選挙区で、こう力強く宣言したのは誰あろう、安倍晋三前首相である。

それも、突然の辞任で世論から袋叩きにあってわずか五ヶ月後のことで、メディアの論調が批判的になるのは当然だったろう。

だが私は、この報道に接して、

（なるほど！）

と思わず膝を叩いていた。

安倍前首相の政治姿勢に納得したのではない。

（やっぱり人生は〝敗者復活戦〟ありなんだな）

と認識を新たにしたのである。

周知のように二〇〇七年九月十二日、所信表明をした二日後に安倍氏は突然、辞意を表明し、国政は大混乱に陥った。理由はさまざま取り沙汰されたが、メディアは、参院選で自民党が惨敗して〝ねじれ国会〟になったことから国際公約であるテロ特措法の延長が不可能になり、切羽詰まって政権を放り投げた——と報じた。

「無責任だ」

「政治生命は終わった」

「即刻、議員辞職せよ」

囂々《ごうごう》たる非難にさらされ、

（あれじゃ、みっともなくて議員なんかやってらんないだろうな）

と私も思ったものだ。

ところが、五ヶ月が経ち、年を越したところで、「再び全力をつくす」と、地元有権者に向かって進軍ラッパを吹いたのである。

メディアは批判的に報じたものの、世論は、

（へぇ、これからも頑張るんだ）

漠然と受け容れている。

「人のウワサも七十五日」とは、先人もうまいことを言ったもので、一国の政治を放っぽり出し、末代までの生き恥をさらした安倍前首相でさえ、〝敗者復活〟の弁が受け容れられる。いわんや、我ら一市井人の恥や失敗など、本人が意識するほどには誰も覚えていないということになる。

となれば、人生は二度、三度――いや、書き損じたノートを新しくめくるように、何度でも「敗者復活」が可能であることを、安倍前首相の処し方は教えてくれるのである。

ただし、じっと坐していたのでは復活はない。

安倍前首相のように〝進軍ラッパ〟を吹かなければだめなのだ。

「闘う政治家として、再び全力をつくします！」

とラッパを吹くから、

「よし頑張れ！」

と応援ができるのであって、黙っていたのでは〝七十五日〟が過ぎても復活のキッカケがなく、敗者のままでいることになるのだ。

仕事でミスをすれば非難もされれば評価も下げる。それはやむを得ない。ミスした直後は、どう弁明したところで周囲は聞く耳を持たないからだ。

そのときは鼻歌でも歌いながらほとぼりが冷めるのを待ち、ここぞというタイミングで、

「闘うビジネスマンとして全力をつくすぞ！」

と進軍ラッパを吹けばよい。

「あの野郎、ドジを踏んだくせに」

と陰口も叩かれはするが、

（そうか、頑張るのか）

と、ごく自然に周囲は受け容れてくれる。

なぜなら人間の感情というやつは、非難すればかならず揺り戻しがくるからだ。「ミスを責めたけど、あいつだって一所懸命やったんだよな」——そんな思いが芽生える時期がかならずくる。言い換えれば、《進軍ラッパのウソ》は周囲の人間にとっても〝渡りに舟〟でもあるということなのである。

だから人生、萎縮することはない。《進軍ラッパのウソ》は敗者復活を告げるファンファーレだと思い、胸を張って高らかに吹けばよいのだ。

「前言撤回」のち堂々「居直り」の術

いまもって〝小泉劇場〟の人気は健在で、小泉純一郎元首相は政界再編成のキーマンとして動向が注目されている。

人気も政治手腕のひとつとはいえ、小泉氏は首相当時、靖国神社参拝について国民にウソをつきながらも石もて追われることなく、こうして国民人気を保っている。ポロリの失言でさえ大臣の椅子から転げ落ちる政治家が少なくないなか、小泉元首相は〝真っ赤なウソ〟をつきながらも、なぜ失脚しなかったのだろうか。

そのタネ明かしをしてみよう。

まず首相就任直後、小泉氏は靖国神社に参拝すると言い切った。

「戦没者に対し、心を込めて敬意と感謝の誠意を捧げたい。個人として終戦記念日に参拝する。なぜ（参拝に）反対されるのかわからない」

この発言に中国政府は激怒し、内外から激しい非難の声があがる一方、国政トップの断固とした姿勢に拍手喝采した国民も多かった。終戦記念日――八月十五日の靖国参拝は歴代首相にとってタブーであっただけに、「さすが小泉！」というわけだ。

ところが、である。この発言からわずか四ヶ月後。終戦記念日が近づいてくると、小泉発言は微妙にトーンダウンしてくる。

「与党三党の方々の意見を虚心坦懐に伺って、熟慮して判断したい」

「口はひとつ、耳は二つありますから」

と周囲の意見を聞くことの大切さをアピール。そして終戦記念日の二日前になって電撃参拝したのである。

当時、小泉首相は構造改革をブチ上げ、抵抗勢力と激しく戦っていたが、メディアは〝終戦記念日参拝〟のウソを引き合いに出して、構造改革においても前言を翻すのではないかと揶揄した。国民も「小泉なら参拝するに違いない」と期待していただけに、二日前という姑息なやり方に失望。このままでは口舌《こうぜつ》の徒として、構造改革から国民はそっぽを向いたろうが、そうはならなかった。

なぜなら、小泉首相が敢然と居直ったからである。

「私は絶対ブレない。靖国でブレたから総理はブレるんじゃないかという人がいるが、靖国と構造改革はどっちが大事か。それは当然、構造改革のほうが大事だ」

断固とした口調に、国民も「それもそうだな」となんとなく納得した。だから〝小泉劇場〟は閉館することなく、好評のまま存続していくのである。

この居直りが小泉元首相の非凡なところで、並の政治家であれば、

「熟慮に熟慮を重ね、日中関係の今後に鑑《かんが》み、終戦記念日の参拝を断念し……」

そんな弁解に終始したことだろう。

だから叩かれる。

世間というやつは、シッポを巻けば棒きれで追いまわし、牙を剥いてうなれば一目置くのである。

だが、小泉発言をよくよく吟味してみれば、

「靖国の件ではウソついちゃったけど、構造改革はホントにやるよ。だってオレ、ウソつきじゃないから」

と矛盾した言い訳になっているが、それでも毅然として居直れば通用してしまうのだ。

これが《居直りのウソ》で、靖国参拝と構造改革は何ら関係しないにもかかわらず、両者をごちゃまぜにすることで国民を煙に巻いたのである。

「よし、その件についてはオレが専務に直談判してやる」

「おいおい、そんなことしたらヤバイぜ」

「なんで？　正しいことを伝えるだけじゃないか」

そして数日後、

「でも、みんなの意見も虚心坦懐に聞いてみて、熟慮して判断しようと思うんだ。口はひとつ、耳は二つだからね」

トーンダウンさせておいて、専務に談判どころか、すぐ上の課長に要望として伝え、

「俺はブレたわけじゃない。談判することと、組織における手順とどっちが大事か。それは当然、組織だ」

とでも言って堂々と居直れば、それで通ることを一国の首相が〝小泉劇場〟で演じて見せてくれたのである。

騎虎の勢いで勇ましいことを口走り、あとで後悔することは誰にでもある。ウソつきと非難されたくないばかりに前言撤回もできず、さりとて実行もできず、悶々と悩む。

「それは愚かなことではないのか」――と私は思うのだ。

前言は翻してかまわない。前言に縛られて汲々とするより、堂々と《居直りのウソ》をつけば、人生はもっと楽になるはずだ。

上位に立たせておいて同情心にかぶりつく

同情を誘い、相手の好意を引き出すちょっとしたウソは、世代を問わず誰もが日常的に経験していることだ。

「ママ、ボク、足が痛くて、もう歩けないよ」

「しょうがない子ね。じゃ、おんぶしてあげるから」

幼児もウソをつけば、

「息が苦しくてな。わしはそう長くはないかもしれん」

年寄りも顔をしかめて同情を買う。

「このところ体調が悪くて……」

という枕詞《まくらことば》は、ビジネスマンが同情を誘って〝言い訳〟するときの常套句である。

だから《同情を誘うウソ》は処世術のひとつとして許されるものと言っていいだろう。

ただし幼児や老人の単純な《同情を誘うウソ》と違って、これをビジネスに活かすには、ひとヒネリが必要である。

私の身近でこんなことがあった。クラブのオーナーママである池内宏美さん（仮名）さんが、自伝を出版して話題になったときのことだ。

「宏美ちゃんはいいわね。きれいだし、頭もいいし、文才もあるし」

池内ママの先輩にあたる北川洋子ママ（仮名）が一席もうけ、さんざん誉めてから、

「私なんかダメね」

悄然と肩を落としたのである。

それに対して池内ママは、自著を出版したことで高揚もしていたろうし、一席もうけてくれたことへの義理もあったろう。

「なに言ってるの。洋子ママは、私なんかよりずっと波乱の人生じゃないですか」

と励ましたのである。

「そう言ってくれるのはうれしいけど、波乱の人生が何になるのよ」

「書けば面白いと思いますよ」

「文才ないもの」

「大丈夫。出版社のほうでゴーストライターを用意してくれますから」

「そう言ってくれるのはうれしいけど、でも、きっと無理よ」

「できるわよ」

「そうかしら」

「もちろんよ」

「じゃ、宏美ちゃん、力になってくれる？」

「エッ」

という言葉を池内ママは呑み込んだ。つい調子に乗って励ましているうちに、責任《ケツ》が
まわってきたのである。

いまさら引っ込みがつかず、

「じゃ、私の本を出してくれた出版社に話をしてみます」

「ホント？」

「ええ」

「きっとよ」

かくして池内ママは洋子ママのために出版社に頭を下げ、お願いをするハメになった

のである。

　相手を引きつけ、うんと励ませておいて「じゃ、お願いしていい？」とクロージングにかかる。これが《同情を誘うウソ》で、さすが〝生き馬の眼〟を抜くネオン街で生き抜いてきたベテランの洋子ママだと感心したものだった。

「オレって、営業に向いていないのかな」

「そんなことないさ」

「気休めはよしてくれよ」

「気休めじゃない、ホントにそう思ってるんだ」

「本気にしていいのかい？」

「もちろんだ」

「力になってくれるかい？」

「当たり前じゃないか」

「今月、まだ成約ゼロなんだ。助けてくれるよな？」

　お願いするには、それなりの手順があることを《同情を誘うウソ》は私たちに教えているのだ。

虎の衣を借るキツネの生き残り演出力

自分を強く見せようとするのは動物の本能だ。

犬は低くうなり声をあげ、コブラは鎌首を持ち上げてエラを膨らませる。子猫でさえ、背を山なりにして威嚇する。謙虚さを美徳とするのは人間だけだが、これとてウラを返せば、賞讃を得ることで優位な立場を確保しようとする演出術なのである。

だが、猫の爪も、コブラの毒も、犬の牙もなければどうするか。

キツネのごとく、虎の威を借りて強さを演出すればよい。ズルイと非難するのは、威を借りる能力がないか、平和な世界でノー天気に暮らす連中で、キツネの演出術こそ弱肉強食の世界を生き抜く知恵なのである。

虎の威の借り方は、いくつかある。

まず、こんなのはどうか。

私が編集プロダクションをやっていたときのことだ。編集の下請け仕事に未来はないと、ＰＲ関連に乗り出すことにしたのだが、社員数人の零細プロでは、名のある広告代理店に勝ち目はない。

そこで、リンクシステムというものを考えついた。クライアントに応じて、企画からデザイン、コピー、カメラマン、媒体交渉など、すべての部門において最適の会社とリンクし、オーダーメイドのチームをつくる――というものだ。舞台裏を明かせば、我が社にそれだけのスタッフがいないため外注するだけの話だが、これをリンクシステムと名づけ、もっともらしくパンフレットをつくって営業をかけた。

そして――ここからのセールストークが〝虎の威〟になるのだ。

リンクシステムについて熱弁をふるってから、さらりと、

「このチームに関しては、電通、博報堂に引けはとらないものと自負しております」

「ほう、電通や博報堂に？」

と聞き返してきたクライアントは一社もなく、頷《うなず》くばかりであった。

私はクライアントを騙したわけではない。あくまで自負として電通、博報堂に引けをとらないと言ったのだ。それをどう受け取り、どう評価するかはクライアントの問題な

のである。ちなみにリンクシステムは好評で、いろんな企業から仕事の依頼があり、成功を収めた。

これが《虎の威を借りるウソ》で、さらにこんな〝小ワザ〟もある。

懇意にする飲食店のオーナーと飲んでいて、ヤクザともめかけたときのことだ。

カンバン（組織名）を名乗ったヤクザに、飲食店のオーナーは笑顔でこう言った。

「それは失礼しました。○○さんには、ことのほかお世話になっております」

ヤクザの顔が困惑する。○○さんとは、このヤクザが所属する組の親分だが、「ことのほか」という言葉をどう解釈していいか、戸惑っているのだ。

「どんな関係ですか？」

とは訊けない。ヘタに詮索して、あとで親分からどやしつけられるかもしれないからだ。ここはコトを荒立てないほうがいいと考えたか、ヤクザは曖昧な頷き方をして店を出ていった。

「○○親分？　知ってるけど親しいわけじゃないよ。ことのほか？　敬意を表して言ったまでさ」

飲食店はオーナーはそう言って笑った。

もし、あなたがヒラ社員であれば、

「部長は焼酎にはうるさいからね」

たとえば、こんなセリフをさりげなく言えばいい。

「部長と飲んだのか？」

「いやいや、そんなことはないけどさ」

あとはムニャムニャと語尾を濁しておいて、

「ところで、明日の打ち合わせだけど」

話題をさっさと振ればよい。

すると同僚は、

（こいつ、部長と懇意に……）

キツネが虎に見えてくるだろう。

牙を持たぬキツネの、弱肉強食の世界を生きる知恵のひとつである。

病院の命運が開業直後の評判で決まる理由

都内で、知人が耳鼻咽喉科を開業することになった。

ウデに自信はあるのだろうが、放っておいても繁盛すると信じ切っているのだから、ビジネス感覚はゼロ。いくらウデがよくても、「あそこはいいわよ」と地元で評判にならなければ繁盛はしないのだ。

そう指摘すると、

「ウデがよけりゃ、自然と評判になっていくじゃないか」

口をとがらせる。

「甘いね」

「なぜだ」

「評判ってのはね、あとでいかようにも変えられる分野と、そうでない分野があるんだ」

と、私は次のように説明した。

誰もが一家言を持つような分野においては、レッテルは何度でも貼り替えることができるが、医者のように専門知識が必要とされる分野は、いったんレッテルを貼られてしまうと決して覆えることはない。

これが〝評判〟の正体なのだ。

たとえば政治や芸能、スポーツ界なら、評判はあとからどうにでもなる。

「福田総理も煮え切らねぇよな」

と悪評が立っても、

「でも、新たに消費者庁を創設しようっていうんだから、結構やるじゃないか」

政治には誰もが一家言あるため、評価はその時々によってころころ変わるのだ。

スポーツや芸能界もしかり。

「あの場面でピッチャー交代はないだろう」

「あんな大根役者とは思わなかったぜ」

これまでどんなに賞讃されていても、何かの拍子にコロリと評価が下がることもある。

だから、評判に一喜一憂することはないのだ。

だが、医療など専門分野は違う。

たとえば、

「あそこはヤブだ」

という風評を耳にした場合、世間の人は、その医者がヤブであるかどうか真偽を判断する知識を持たない。

「ヤブだって言うけど、あのメス捌きを見れば超一流だってことはすぐわかるね」

と、床屋政談のようなことは言えないのだ。

だから「ヤブだ」という風評を聞けば、みんなはなんとなくヤブ医者だと思ってしまい、悪評が覆えることは、まずあり得ないというわけである。

以上のことから、専門技術や知識を必要とする分野であれば、しょっぱなの評判には細心の注意を払うべきで、一度、悪評が立てば取り返しのつかないことになる。反対に、誰もが一家言持つような分野であれば、どんな悪評を立てられても気にすることはなく、あとで容易にひっくり返せるということになる。

だから医院は、開業直後の評判で決まるのだ。

「どうすればいい？」

私の助言に知人は真剣な顔つきで言った。

「口コミ」

「どうやって?」

「会う人みんなに〝患者が詰めかけて大変なんですよ〟と吹けばいい。たちまち評判になるよ」

「わかった」

かくして知人は開業と同時に、「忙しい」「休憩時間もとれない」と積極的にアナウンスしたのである。ウワサが評判となり、医院は大盛況という次第。

これを《評判のウソ》と呼ぶが、評判は、人気と同じでイメージに過ぎない。すなわち《評判のウソ》とは、ウソを超越したイメージ戦略のことをいうのだ。胸を張って堂々とアピールするがいい。

「悪評のウソ」と向き合う心構え

上司は部下を踏み台にし、先輩は後輩を足蹴にし、同僚は足を引っ張る——。

これが組織の現実である。

上司に忠誠を誓おうと、同僚と肩を組んで『同期の桜』を歌おうと、頂点に向かって淘汰されていくのが組織の宿命である以上、蹴落としたり足を引っ張ったりするのは是非を超えた生存競争と言っていいだろう。

そして生存競争の多くは「悪評」を武器とする。いわば《悪評のウソ》とも言うべき技術で、組織の一員たる者は、それを用いるにしろ、身を守るにしろ、「悪評」のメカニズムについて熟知しておくことが肝要だろう。

Z広告社で、こんなことがあった。

営業部のA氏とB氏は共に優秀で、課長の座を争うライバルだったが、A氏が売上でB氏を三ヶ月連続で引き離し、独走体制に入りつつあった。

B氏はあせった。

どうやって巻き返すか。

Ｂ氏は、Ａ氏が制作会社の女性デザイナー、Ｎ子と仲がいいことに目をつけた。Ａ氏は妻子持ちだから、不倫スキャンダルとして流せば……。

Ｂ氏はさっそく吹聴してまわった。

「Ｎ子って美人デザイナーがいるだろう。Ａのやつ、不倫してるんだぜ」

「Ａのやつ、ヤバイぜ。相手はウチの下請けだからな。ヘタすりゃ、パワハラだって訴えられるかもな」

悪評を流して足を引っ張り始めたのである。

ところが、結果は裏目に出た。Ｎ子はデザイン会社を辞めて、Ｚ広告社には出入りしなくなったのだ。しかも、パワハラなどと不穏当な言葉を用いて悪評を流し続けているのがＢ氏であることは、社内周知。週刊誌に嗅ぎつけられでもしたら大変なことになる。事態を重くみた専務はＢ氏を呼びつけて厳重注意する一方、Ａ氏に対しては、事を荒立てないようにと不問にした。

かくしてＢ氏は足を引っ張り損ね、みずから墓穴を掘ったのである。

何が悪かったか。

原因は三つある。吹聴したこと、不倫であると断定したこと、自分が情報源になってしまったこと——の三つであり、ここに「悪評のメガニズム」が集約されている。

まず「吹聴」。

人間は「あなただけに」と耳打ちされると、その話を信じようとする。「自分だけが知っている」という優越感がそうさせるのだ。ところが「吹聴」となれば、自分は大勢の一人。最初は興味津々でも、そのうち、

「あの野郎、どういうつもりで悪口を言ってるんだ?」

という反発心を招くのである。

次に「断定」。

「不倫している」と断定すると、興味津々の一方で「本当かな?」というウラ読みの心理がはたらく。なぜなら、利害錯綜の社会に生きる私たちはつねに「騙されるかもしれない」という警戒心とともにあるため、断定に対しては「本当かな?」という疑義の念が生じるからである。

三つめの「情報源になること」については言うまでもなかろう。

「誰がそんなこと言ったんだ」

「あいつだ」

最悪のパターンである。

以上の「悪評のメカニズム」から、B氏はこう言うべきだったのだ。

「ここだけの話だけど、Aのやつ、N子と不倫しているってウワサがあるらしいね。まさか、そんなことはないと思うけどさ」

吹聴せず、断定せず、情報源にならなければ、相手の興味はかき立てられ、ウワサはヒソヒソとネズミ算式に広がっていったろう。悪評というやつは、組織全体が共有した時点で〝事実〟となり、A氏はヤバイことになったはずなのである。

生き馬の眼を抜くビジネス社会だ。自分で用いずとも、《悪評のウソ》について知っておくことは、我が身を守る上でも不可欠のことなのである。

悪口のあとはフォローを入れて身ぎれいに

三人寄れば、まず人のウワサ話。

それも、たいてい悪口だ。

悪口に特に意味はなく、単に〝蜜の味〟というだけで、たまたまその場にいない人間が俎上に上がるわけだけだが、口は災いの元。調子に乗ってペチャクチャやるのは、じつに危険なことだ。

空手道A会の合宿で、こんなことがあった。

三日間の合宿を終え、最終日夜の打ち上げ会でのこと。気の合った者同士がそれぞれ部屋に分かれて二次会が始まり、若手指導員の井上秀一君（仮名）は同僚四人と飲み始めた。

話題は自然と悪口になり、俎上に師範代の高山五郎氏（仮名）が上がった。

「そりゃ、技はたしかに素晴らしいさ。でも、人格がちょっとな」

一人が言えば、

「金に汚いって話だぜ」

「女にも目がないらしいじゃないか」

口々に応じ、井上君が、

「武道家としては失格だな」

とオチをつけ、みんなしてケタケタと腹を抱えて笑う。悪口は美味なるツマミで、グイグイと飲《や》りながら夜は更けていった。

そして、帰京して二日後のことである。

井上君が道場に顔を出すと、高山師範代が更衣室へ引っ張っていって、

「貴様、俺は武道家として失格だと言ったんだってな」

鬼の形相でニラみつけたのである。

「な、なんのことっすか……」

「とぼけんじゃねぇ。合宿でペラペラ言ったそうじゃねぇか！」

井上君は同僚にチクられたのだ。あるいは、この話を伝え聞いた別の人間がご注進し

たのかもしれないが、いずれにせよ高山師範代の悪口を言ったのは事実。後ろめたさがあって、

「そんなことありません！」

と、断固否定できないところが弱い。

「貴様……」

高山師範代の鉄拳が飛んだ。

(調子に乗ってあんなこと言わなきゃよかった)

と、前歯を折られた井上君は後悔するのだった。

だが、どなたも経験があると思うが、仲間と一杯やれば自然と上司や先輩の批判が出てくる。同僚や後輩の悪口が出てくる。口は災いの元と承知しながらも、自分だけ会話に加わらないのもマズイ。さりとて尻馬に乗って悪口を言えば、あとでチクられるかもしれない。イヤなことだが、それが現実なのだ。

悪口を言うのもヤバイし、言わないのもヤバイ。

どうするか。

こう言うのだ。

たとえば井上君を例にあげれば、

「武道家としては失格だな」

と悪口を言ったあとに、

「だけど、高山さんにもいいところがあると思うな」

「人間らしくていいじゃないか」

「憎めないところが魅力だね」

と、ヨイショの言葉をつけ加えることによって、オセロゲームの大逆転。それまでの罵詈雑言は悪口にはならないというわけである。これを《悪口のウソ》という。

「あんな無能な男は見たことねぇな。だけど、あれでなかなか情があって、いいところがあるんだよな」

文章の句点よろしく、悪口のあとはかならずヨイショで締めくくるのが、座をシラケさせずして、〝舌禍〟から身を守る方法なのである。

向谷匡史 Tadashi Mukaidani

1950（昭和25）年、広島県呉市生まれ。拓殖大学卒業。週刊誌記者を経て作家に。『銀座バイブル』（祥伝社）、『ヤクザ式ビジネスの「かけひき」で絶対に負けない技術』（小社刊）、『悪の交渉術』（幻冬舎）、『できる男の話し方』（三笠書房）、『ヤクザの人生も変えた名僧の言葉』（河出書房新社）、『「極道」のサラリーマン交渉術』（講談社）、『花一輪——深川同心人情裁き』（KKベストセラーズ）他、著書多数。人間心理の機微をとらえた鋭い洞察とその類いまれな語り口は他の追随を許さない。

http://www.mukaidani.jp

ビジネスを動かす「ウソの技法」

2008年9月9日 第1刷

著者 向谷匡史

発行者 関 裕志

発行所 情報センター出版局 EVIDENCE CORPORATION

東京都新宿区四谷2-1 四谷ビル 〒160-0004

電話 03（3358）0231 振替 00140-4-46236

URL http://www.4jc.co.jp

印刷 株式会社光邦

編集 高尾 豪

ISBN978-4-7958-3763-8

定価はカバーに表示してあります。落丁本・乱丁本はお取替えいたします。